EL LUGAR DE LOS LEONES

COLECCIÓN TORRE DE PAPEL

EL LUGAR DE LOS LEONES

ERIC CAMPBELL

Traducción de Gabriela Arciniegas

Ilustraciones de Marcelo Meléndez

GRUPO EDITORIAL norma

Barcelona, Bogotá, Buenos Aires, Caracas,
Guatemala, México, Miami, Panamá, Quito, San José,
San Juan, San Salvador, Santiago de Chile.

Título original en inglés:
THE PLACE OF LIONS
de Eric Campbell
Una publicación de PAN/MACMILLAN
CHILDREN'S BOOKS

Primera reimpresión, 1996
Segunda reimpresión, 1996
Impreso por Editoláser
Impreso en Colombia — Printed in Colombia
Diciembre, 1996

Dirección editorial, María Candelaria Posada
Dirección de arte, María Clara Salazar
Ilustraciones, Marcelo Meléndez

ISBN: 958-04-3150-7

CONTENIDO

CAPÍTULO I

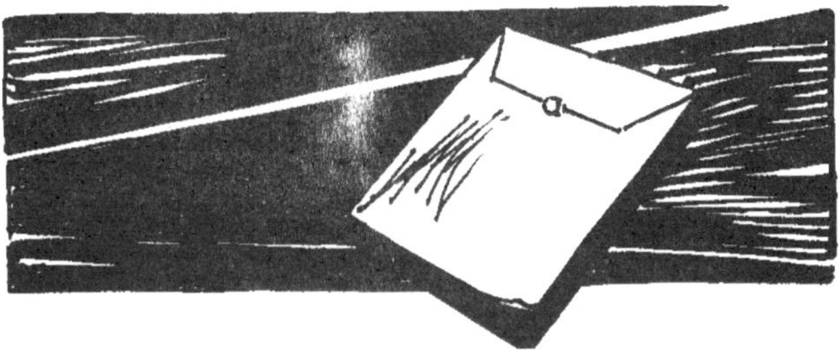

La mamá de Chris Harris murió cuando él tenía doce años. Fue este acontecimiento devastador, dijo todo el mundo, el que hacía parecer a Chris mayor de lo que era. Aunque para él la pérdida había sido casi imposible de sobrellevar, tuvo que madurar en poco tiempo para ayudarle a su padre a soportar la desolación que le causaba la tristeza. Como dicen, se había visto obligado a convertirse en un hombre.

En la escuela no era exactamente un inadaptado, aunque la mayor parte del tiempo la pasaba solo. No quería tomar parte en los juegos, no se interesaba por el fútbol ni por los últimos éxitos, y encontraba la conversación y la compañía de sus compañeros de clase trivial e infantil. Sus maestros escribían cosas extrañas en sus informes escolares acerca de "falta de participación en las actividades con sus compañeros", que él no comprendía y sospechaba que ellos tampoco. En realidad no lo comprendían, eso era seguro.

La verdad era que la escuela ya no le servía. Estaba cansado de permanecer sentado escuchando. Quería hacer. Qué quería hacer exactamente, no sabía con seguridad. Pero tenía que hacer algo. Algo tenía que suceder.

Pues bien, algo sucedió. Ese mismo día su padre le había dado a Chris una noticia que lo hizo faltar a clase por la primera vez en su vida de obediencia a la ley.

La noticia llegó a la hora del desayuno. En el momento en que el señor Harris salía para su trabajo, dejó caer con indiferencia un sobre grande color marrón sobre la mesa.

—Mira esto, ¿quieres? —dijo—. A ver cómo te parece. Podemos comentarlo por la noche.

Y guiñándole el ojo a su hijo, se había ido, con una misteriosa sonrisa de satisfacción en el rostro.

El contenido del sobre fue tan explosivo como una granada de mano, y cuando Chris llegó a la escuela tenía la cabeza tan agitada como un espectáculo de fuegos artificiales. La clase de matemáticas y la clase de historia pasaron sin que él escuchara una palabra, mientras grandes cohetes de comprensión e imaginación estallaban en arcos que se disparaban y le atravesaban la mente. Cuando llegó el momento del recreo, decidió que no tenía ningún sentido que él siguiera allí, así que se escapó por las escaleras de la parte de atrás.

Al voltear por la esquina del edificio, pasó de puntillas cerca del cuarto de las calderas de calefacción, donde su amigo Henry, el celador, dormía la mayor parte del día, y se dirigió hacia el otro lado del patio, a la pequeña portezuela de madera, a la libertad.

Ese día Henry no estaba dormido.

—Primera vez que te veo en este juego. Los patanes, Eddington y esos idiotas con aretes, sí. Esos pasan por aquí todos los días. Tan puntuales como el Big Ben. Por lo general pasan a las once. Salvo los jueves, que hay fútbol; entonces se quedan todo el día.

Henry, de 61 años, amigo de los tímidos y flagelo de los rufianes, apareció en la puerta del sótano parpadeando a causa de la luz.

—Pero tú, bueno, eso es otra cosa.

—Lo sé —dijo Chris, un poco avergonzado—. Yo nunca he hecho esto. No quería que usted me viera.

—Yo lo veo todo —dijo Henry, sonriendo—. Pero que le cuente a alguien lo que he visto, ése es otro asunto. ¿Qué hace tan especial este día como para que te haga escapar a escondidas?

—Hoy no puedo pensar —dijo Chris.

El viejo ahogó una risa.

—Aquí hay demasiados que no pueden pensar ningún día, y no hablo sólo de los jóvenes.

Las opiniones de Henry acerca del colegio eran bien conocidas. Casi todos los niños eran conflictivos, vagabundos y vándalos, y los maestros eran partidarios del comunismo, sistemáticamente destruyendo los principios morales de la juventud y la fibra del país. Y las dos partes andaban pisoteando toda la escuela para complicar las cosas.

—No puedo pensar porque me voy a vivir al África —dijo Chris, simplemente—. Apenas lo supe esta mañana.

Inmediatamente comenzó al fin a comprender la magnitud de la idea. Había estado demasiado emocionado para contarle a cualquier otra persona —no le había hablado del asunto a ninguno de sus compañeros de clase. ¿Cómo se les puede contar a los amigos de una escuela pública y medio derruida de Londres, con la pintura verde cayéndose de las paredes y la llovizna soplando por las rajaduras de los marcos de las ventanas, que a las ocho de la mañana de ese día uno había comenzado un viaje que terminaría bajo el sol ardiente del lugar más emocionante y misterioso de la tierra?

—África —repitió—. Tanzania.

Y asintió mentalmente a medida que la extrañeza de la idea iba disminuyendo. Ahora que le había contado a alguien, ya era real.

—Y no puedo pensar en algo diferente. ¿Cómo puede concentrarse uno en las ecuaciones de segundo grado si el África está esperando a la salida de la escuela?

—Yo no veo el África allí afuera —dijo Henry—. Veo los tarros de la basura en el patio. Y la llovizna.

Pero sonrió con dulzura al decirlo, compartiendo así la emoción del niño.

—Yo la veo. Yo veo el sol. Veo el azul del

cielo. Y a través de toda la clase de historia, detrás del zumbido del profesor, había leones que gruñían.

—Probablemente eso mantendría a la clase en silencio. He leído que en Nueva York tienen policías armados en las escuelas. Los leones harían un mejor papel, aunque la sangre podría molestar al personal de aseo. —Henry rió.

Chris se rió con él, disfrutando el momento, disfrutando el poder compartir su gran noticia con este anciano bondadoso.

—África —dijo nuevamente, asintiendo con la cabeza. Hablaba para sí mismo. Era el reconocimiento de una certeza; una afirmación.

—Entonces —dijo Henry—, ¿para dónde vas ahora? ¿Vas a tomar el metro en Clapham Common y te vas a bajar en Timbuctú?

—No tan lejos — se rió el niño—. Voy para Charing Cross Road. A las tiendas de libros. Yo no sé nada sobre Tanzania. Tengo que averiguar algo acerca del lugar a donde vamos. Tengo que conseguir un mapa. Buscar cosas. Hacer algo. Tengo que hacer algo o me vuelvo loco, pierdo el control, ahorco al profesor de historia y aparezco en la primera página del *Sun*.

—Muy bien —dijo Henry—, yo también podré vender mi historia.

Adoptó una voz sin expresión, como alguien recitando líneas aprendidas frente a una cámara de televisión: —Lo conocí bastante bien, sí. Un niño extraño. Casi nunca faltaba a clase como los demás niños. Escuchaba rugidos de leones dentro de su cabeza y soñaba con irse a Bangladesh.

—Tanzania —dijo Chris—. Los leones no viven en Bangladesh— hizo una pausa. Luego agregó:— Al menos no lo creo.

—Verdad —dijo Henry—. Entonces toma tu camino. ¿Para qué pierdes el tiempo aquí? Cuando llegues a Charing Cross Road ya no habrá mapas de Tanzania. Tienen mucho pedido esta semana. Chelsea jugará como visitante allí el sábado y todos los aficionados van a estar presentes.

—Sí —dijo Chris en voz baja—. Eso oí.

De repente se sintió un poco triste. En medio de toda la gran emoción no había pensado en algo muy importante. Partía hacia una gran aventura. Pero partir significaba despedirse —y este bondadoso anciano con sus ojos centelleantes de afecto, como el brillo de una luz, se lo había recordado. Tendría que decir adiós, tendría que dejar atrás todo lo que conocía y quería, las abuelas y tías con pañuelos en los ojos.

Pero eso sería más adelante, una vez terminara de empacar y de planear. Lo afrontaría cuando llegara el momento.

—Entonces —dijo Henry—, te vas de aquí. Si alguien pregunta, yo no te he visto.

—Gracias —repuso Chris, con una sonrisa—. No nos vamos sino hasta después de la Navidad, de modo que vendré a despedirme cuando me vaya.

—Asegúrate de hacerlo. Y que no te atropelle un auto mientras tanto, se perdería el billete de avión.

Dio la vuelta y entró al cuarto de las calderas.

—Se lo cedo si esto llega a ocurrir —exclamó Chris al cerrarse la puerta.

—¿Yo? ¿El África? Por nada en la vida —y Henry cerró la puerta.

Chris negó con la cabeza y sonrió.

Luego dio la vuelta, atravesó el patio, abrió la pequeña puerta de madera y salió a la calle lateral.

Era una calle angosta, oscura, lúgubre y sucia.

Pero para Chris, parecía estar bañada de una luz ardiente en esa mañana.

CAPÍTULO II

Chris oyó el cerrojo de la puerta principal que se abría con un "clic", y corrió hacia el vestíbulo a saludar a su padre.

—Había pensado que te estabas comportando de una manera extraña últimamente —dijo, lleno de alegría, cuando su padre entró por la puerta—. Ya sé por qué. Caballo negro.

El señor Harris rió. Dejó su maletín junto al perchero, puso el brazo alrededor de los hombros de su hijo y lo condujo al salón.

—Y bien, ya lo leíste, ¿no?

—Por lo menos cuatro veces —respondió Chris—. ¿Por qué no me habías dicho nada?

—Pues no pensé que tendría necesidad de preguntarte si querías ir, y no tenía objeto contártelo mientras no estuviera todo arreglado. El contrato ya está aquí; es definitivo. ¿Debo suponer que apruebas?

—¿Apruebo? ¿Estás bromeando? Ya compré un mapa. Está sobre la mesa. Aquí, ven y lo miras. Muéstrame a dónde vamos.

—Musoma —dijo el señor Harris—. Así se llama el lugar.

Se sentaron y estudiaron el mapa sobre la mesa. El señor Harris señaló con el dedo desde Nairobi hasta el interior de Tanzania.

—Ahí —dijo, dando un golpecito en la orilla del lago Victoria—. Ahí está. Hay un hospital de misión muy grande allí, y tu padre es el nuevo ingeniero jefe.

—Increíble —dijo Chris—. Increíble. Irnos al África. ¿Por qué lo hiciste?

—Nueva vida —respondió su padre—. Los dos hemos tenido un par de años difíciles desde que tu mamá murió. Yo caí en el hoyo de la rutina, a ti no te gusta la escuela... Pensé que podríamos despegar, agarrar el mundo por el cuello y ver qué podemos hacer con él. ¿De acuerdo?

—De acuerdo. Creo que no se me ocurriría nada mejor.

—Muy bien. Comienza a pensar en lo que vas a necesitar. Tendremos que enviar por adelantado gran parte de las cosas por barco. Nosotros no partiremos sino hasta el primero de febrero. Son cuatro meses, así que no saques tus maletas todavía.

¡Cuatro meses!

¡Ciento veinte días!

Ese primer día pudo haber sido como un siglo.

Pero el tiempo, pensaba Chris, es algo flexible. Un día puede ser como un año, una semana puede ser como un minuto.

El mapa ayudó mucho. Hizo que los días pasaran rápidamente. Lo abría diariamente con cuidado y lo miraba, repasaba sus verdes, marrones y azules, saboreando los nombres.

¡Y qué nombres! Tenían el sonido de algo extraño y olían a África. Serengeti, Loliondo, Kilimanjaro, Maasai Steppe. Nombres llenos de sol y de espacio, y vientos calientes que llevaban el aroma de jirafas al trote.

En algunas ocasiones no parecía real, no parecía posible que todo esto pudiera estar ocurriendo. En una confortable sala de una casa inglesa, al calor del fuego de la chimenea, con la lluvia golpeando suavemente en las ventanas, África era más bien como un sueño. ¿Era realmente cierto? ¿Realmente iba a verla?

Pero la realidad fue acercándose poco a poco.

Con los días vinieron las cajas para empacar las cosas. Los objetos familiares y reconfortantes, cuidadosamente envueltos, comenzaron a llenarlas. Los tíos venían de visita con bromas sobre los cocodrilos que se los iban a comer. Las abuelas de ojos tristes, llenas de reproches y pánico, se paseaban inquietas por toda la casa y traían golosinas para el té y calamina. Los viejos amigos con sus buenos deseos iban y se sentaban, algo molestos, sin saber muy bien qué pensar de todo eso.

Y los días comenzaron a acelerarse.

Pasó la Navidad, dejándole a Chris una cámara y unos binóculos. Las cajas ya empacadas se fueron a los muelles. Las maletas fueron bajadas de la buhardilla, se escribieron cartas, fueron recibidas inyecciones dolorosas contra enfermedades cuyos nombres evocaban males terribles.

Y de repente estuvieron listos. El alboroto, los planes, las interminables decisiones, las frustraciones, las emociones los llevaron hasta el final de enero. Los aviones que volaban en círculos sobre Londres cobraron un nuevo significado, y, durante los últimos días de colegio, Chris los observó sin descanso desde las ventanas del salón de clase. Pronto. Pronto.

Salió de la escuela, en su último día, por las escaleras de atrás, y fue a buscar a Henry.

Tocó a la puerta del cuarto de las calderas y entró.

Henry estaba sentado en la vieja silla de brazos que Eddington y "los idiotas esos con aretes" habían robado para él en pago de hacerse el de la vista gorda frente a sus constantes escapadas de clase.

Su rostro se iluminó detrás de la niebla de humo de su desbaratada pipa.

—Hola, muchacho.

—Hola, Henry.

—Entra. Entra. Siéntate, por favor.

Chris acercó un banquillo y se sentó frente al anciano. La habitación estaba muy caliente y confortable. Olía a carbón, a tabaco y a jarras de té negro. Las calderas zumbaban silenciosamente a medida que bombeaban agua caliente por toda la escuela.

—Supongo que ya estás de viaje, ¿no?

—Sí, Henry. Partimos mañana. En el vuelo de noche a Amsterdam. Luego al África, al aeropuerto de Kilimanjaro.

Henry asintió con la cabeza suavemente.

—Ustedes son como golondrinas volando al sur y —dijo—. Aves en vuelo.

Hizo una pausa y miró al niño fijamente por un momento, luego negó con la cabeza y volvió la mirada hacia otro lado. —Yo siempre me siento triste en el otoño, cuando las aves se empiezan a reunir. No sé por qué —agregó.

Fijó la vista en la pared y a Chris le pareció que sus ojos pálidos veían algo que estaba más allá de ella.

—Sí, ya sé qué quieres decir —dijo Chris.

—Finales y comienzos, quizás.

—Sí.

Guardaron silencio unos instantes, absortos en sus pensamientos acerca de viajes y del África. Un anciano y un niño en un sótano lúgubre de Londres envueltos momentáneamente en un hechizo de sol y espacio y antiguos vientos suaves soplando a través de grandes llanuras.

Y algo más.

Una despedida. La despedida no sólo de dos seres que habían llegado a encariñarse el uno con el otro. Más que eso. Mucho más. La

despedida entre dos generaciones, que ambos reconocían. La eterna despedida entre el joven y el viejo. El viejo que se lamenta por los tiempos pasados y las oportunidades perdidas; el joven, temeroso, pero mirando ansioso hacia el futuro. El corazón ya viejo que se deprime al ver que las esperanzas de su juventud se han encarnado en otro; el corazón joven ardiendo en deseos de volar. Cuando los viejos miran a los jóvenes ven cómo el tiempo se hace carne y hueso.

Henry miró de nuevo a Chris.

—Y bien —dijo—, vete a volar —permanecieron de pie.

—Está bien —dijo Chris, en voz baja—. Ya me voy. No sé cuándo regresaremos. Creo que el contrato de mi papá es por tres años.

Henry se adelantó y abrió la puerta. Chris salió a la llovizna gris del enero londinense.

—Probablemente estaré aquí todavía —dijo Henry, dándole la mano a Chris— . Buena suerte —agregó, dando la vuelta para entrar nuevamente al cuarto—, y no te ahogues en el Mississippi.

—Henry, el Mississippi no queda en...

Pero ya Henry había cerrado la puerta.

Chris suspiró, entristecido por el adiós. Luego comenzó a cruzar el patio de la escuela.

Arriba, muy alto, podía escuchar el zumbido ronco de un avión que bajaba hacia su pista en el aeropuerto de Heathrow. Elevó la cabeza, pero el avión se perdió en un infinito manto gris.

—Pronto —susurró.

Y puso la mano en el cerrojo de la puerta que conducía a la calle.

En ese mismo momento, la puerta del cuarto de las calderas se abrió otra vez.

—¡Hey! —llamó Henry.

—¿Si?

—Si ves a Eddington y a esos idiotas con aretes, diles que los resortes de mi silla se están asomando. Ellos saben qué se debe hacer.

Chris sonrió.

Y abrió la puerta y emprendió el camino que lo llevaría al África.

CAPÍTULO III

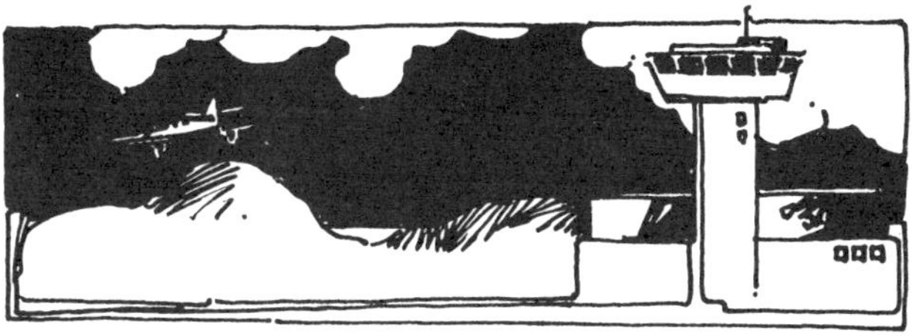

El aeropuerto de Kilimanjaro queda en la llanura caliente de Sanya, 25 millas al este de Arusha, 25 millas al oeste de Moshi.

Pocos aviones grandes usan sus grandes pistas actualmente y, en realidad, nunca las han usado. Construido para recibir a los miles de turistas que nunca vinieron, es uno de los aeropuertos más tranquilos del mundo. Los turistas necesitan lujo y Tanzania tiene muy poco de esto. Éste no es un país de turistas; es el país de los maasai. No hay ningún Rolls-Royce esperando a los fatigados viajeros para conducirlos rápidamente a las doradas bañeras de los dorados Hilton. Uno se baja del avión al pavimento y en ese instante ya está en la mitad de la verdadera África. A poca distancia de las cercas que rodean el aeropuerto, los maasai de color ocre y aire indiferente cuidan su ganado entre enormes nubes bajas de polvo como lo han hecho durante mil años, sin pensar en el siglo veinte. O quizás mirándolo con desprecio.

Así, pues, se entra en el África por la puerta perfecta. Y si uno se detiene un momento en la pista y mira a su alrededor, el corazón se paraliza un segundo.

A la izquierda, como si flotara en la distancia de un azul velado, se ve un cono volcánico perfecto —el monte Meru. Con una altura de más de 4.500 metros, simétrico y silencioso contra el ancho cielo Áfricano, es una de las montañas más bellas del mundo. Las laderas de la parte baja están cubiertas de bosques húmedos tropicales muy antiguos —un país de hadas, fresco y lleno de viejos árboles adornados, capa sobre capa, de verdes musgos colgantes. Aquí, en este hermoso lugar sin hombres, los babuinos y los micos Colobus se pasan las noticias del día de uno a otro cotorreando con agudos chillidos; las lagartijas de color azul celeste y dorado bajan y suben como flechas por los árboles húmedos, joyas brillantes, veloces, en medio del bosque lúgubre; los camaleones cazan con su extraña danza rítmica, meciéndose de una pata a la otra hasta que las polillas e insectos quedan hipnotizados y luego, en un parpadeo, sacan la lengua que parece un látigo de una longitud asombrosa para comerse otra infortunada presa. Aquí también los grandes estrépitos y destrozos anuncian la presencia de las bestias más destructoras del mundo: los elefantes, a medida que se abren paso por entre la selva, despedazando árboles enteros en su lucha constante por mantener sus enormes moles alimentadas. Y mirando todo, allá arriba, desde alturas inimaginables, vuelan en grandes círculos las aves del África: las águilas y los gallinazos, las aves de rapiña y otras de colores brillantes.

Éste es, pues, un lugar mágico. Pero es un lugar olvidado e ignorado. Un lugar desconocido por gran parte del mundo. Y la razón por la cual esto ocurre se encuentra hacia el este. Por encima del monte Meru y de toda el África se levanta una montaña que todo el mundo conoce. Un coloso tan alto, tan gigantesco, tan poco probable que los sabios de

Europa se reían incrédulos de su descubrimiento. El Kilimanjaro, decían los sabios, no podía existir. Que hubiera nieve en el trópico era imposible. Esos misioneros tontos allá en el África estaban viendo nubes y creían que era nieve; debían conseguir gafas nuevas.

—Muchos se tuvieron que haber sonrojado —dijo Chris. Permanecía parado sobre el pavimento, transfigurado por lo que estaba viendo.

—¿Qué? —preguntó su padre sorprendido, junto a él.

—Perdón. Estaba pensando en voz alta. Recordaba la historia del Kilimanjaro. Que nadie creía.

—Ah —dijo el señor Harris—, sí. Caras sonrojadas. Sin embargo, yo no los juzgaría tan duro. Yo no creo y lo estoy viendo.

Padre e hijo se quedaron allí, silenciosos, tratando de comprender lo que tenían ante sus ojos.

Parecía como si la montaña abarcara todo el horizonte al nordeste. Al fondo, en primer plano, surgían de la llanura las colinas, primero lentamente y luego en grandes pliegues, de los cuales brotaba la gigantesca cúpula esculpida de hielo y nieve. Grandes masas enceguecedoras erguidas bajo el sol de la mañana, brillantes contra el cielo azul pálido, las nieves perpetuas del Kilimanjaro destellaban y centelleaban fuego. Un largo, largo galápago, alto y árido, guió su mirada hacia el este hasta que sus ojos se detuvieron en una aguda explosión de picos malignos que parecían colmillos, de roca color marrón salpicada de nieve. Un lugar horrible y de elevadas cumbres y agudos picachos y precipicios, vertiginoso, temible, peligroso.

—Este extremo se llama Kibo —dijo Chris—. Lo vi todo en el mapa. Tiene casi 6.000 metros de altura en ese lugar. El extremo dentado es el Mawenzi. Es muy peligroso. No se puede escalar. De hecho, un avión se estrelló allí hace muchos años, según leí, y todavía hay esqueletos que nadie ha podido bajar.

A medida que iban captando las palabras, padre e hijo se miraban, luego volvieron la cabeza y miraron el avión que acababa de traerlos. Se sonrieron inquietos uno al otro, y se estremecieron.

—Muy bien, pero por amor a Dios —dijo el señor Harris—, ven. Entremos en el edificio del terminal; nos estamos quedando atrás.

Se sonrieron alegres el uno al otro. Las semanas de los planes y la espera, de las decisiones, las frustraciones, los temores y expectativas, por fin se habían terminado.

—Así que esto es África —dijo Chris—. La aventura comienza.

—¿Estás emocionado? —preguntó el señor Harris.

—¿Me lo preguntas en serio? —dijo Chris, y tomados del brazo se encaminaron hacia el edificio del terminal.

—¿Será que hay algún peligro por aquí? —agregó Chris un poco nervioso, mirando por encima del hombro mientras caminaban.

—¿En un aeropuerto? —dijo su padre, incrédulo—. ¿Estás loco?

Se equivocaba. Justamente a la salida del aeropuerto, empujando y gruñendo, los esperaba una amenaza mortal y temible.

Los taxis de Tanzania.

Chris y su padre, que en ese momento cumplían con las formalidades dentro del aeropuerto sin sospechar nada, estaban a punto de descubrir exactamente qué tan peligrosa puede ser la vida en África.

Al salir por la puerta principal fueron inmediatamente rodeados y ensordecidos.

"Bwana, taxi, bwana. Éste, bwana. Arusha, bwana. Con toda confianza. Éste, bwana. Muy barato. Tome el mío, bwana".

TAXI

Los alegres y andrajosos conductores de taxis les arrancaban las maletas de las manos, les halaban las camisas, los empujaban, los dirigían, los codeaban y los adulaban para que se dirigieran hacia los taxis.

—¿Taxis? —dijo Chris, jadeando—. ¿Ésos son taxis?

Delante de ellos había una asombrosa variedad de vehículos de basurero con llantas viejas, sin parabrisas, con las capotas cambiadas y las llantas lisas. El ruido era aterrador, el estado en que se encontraban los vehículos espantoso, y el sol enceguecedor. En medio de la confusión el señor Harris no podía recordar el nombre del hotel.

—Eh, sí. Arusha, eh, Hotel Nuevo Algo...

Palpó los bolsillos en busca del pedacito de papel con el nombre y la dirección, pero el alegre tumulto ya había tomado la delantera.

"Nuevo Safari. Nuevo Safari. Nuevo Safari".

Los gritos aumentaron hasta alcanzar un tono agudo a medida que todos los conductores de Arusha avanzaban a empujones.

"Yo, bwana. Por aquí, bwana. Nuevo Safari, bwana".

En medio de todo el bullicio se desató una pelea, para el deleite de todos los demás taxistas, que comenzaron a dar alaridos y a chiflar, y los dos perplejos y asombrados viajeros fueron empujados sin compasión por un enorme hombre sonriente y metidos en la parte de atrás de un viejo auto morado al cual le faltaba por completo el asiento de pasajeros de adelante.

—Sí, sí, bwana, no se preocupe. Espere ahí —el taxista brillaba de alegría.

—Nuevo Safari, ya mismo.

Le hizo un fuerte guiño a Chris, dio la vuelta, lanzó un chillido ensordecedor y se arrojó otra vez al tumulto de desenfrenados y sonrientes taxistas, de donde salió acezando segundos después llevando consigo el equipaje de los Harris.

—¡Está bien, bwana, no se preocupe! —gritó—. Usted es afortunado. Esta gente... son serpientes. Lo engañarían. Yo, Josephu, no engaño. Nuevo Safari, ya mismo.

Y tiró la tapa del portamaletas sobre el equipaje con tal fuerza que hizo temblar el automóvil de una punta a la otra.

Chris miró nervioso a su padre.

Josephu dejó caer su voluminoso cuerpo sobre el asiento del conductor, cerró la puerta con un golpe que rompería cualquier cabeza y la aseguró con un pedazo de madera para que no se abriera.

—Yo nunca había visto un auto como éste —dijo Chris en voz baja.

—Y no creo que nunca nadie haya visto uno igual —respondió su padre—. Parece hecho de diferentes pedazos.

—Bueno pues, serpientes —tronó Josephu—. ¡Empujen!

Envuelta aún en un gran alboroto cacofónico, la muchedumbre sonriente rodeó el automóvil, con empujones y alegatos.

—Pero —vaciló Chris—, el motor está encendido. ¿Por qué necesita que empujen?

—¡Ja! —gritó feliz el taxista—. No tengo primera. No tengo segunda. Sólo tercera y cuarta. Además, no hay embrague. Entonces estas serpientes empujan. Vamos rápido, metemos la tercera y adelante.

—Ah… —dijo Chris.

—Oh… —dijo el señor Harris.

—No se preocupe. Yo, Josephu, los llevaré hasta allá seguro. Este auto, buen auto. Empujen, serpientes.

Y en verdad empujaron, calle abajo, cobrando velocidad, dieron la vuelta a un estacionamiento de carros hasta que, cuando iban rodando a toda velocidad, crach, entró el cambio, el motor rugió, el auto se sacudió medio loco y aceleró al tomar la vía de salida del aeropuerto. Los vivas de la chusma quedaron atrás y su ruido fue reemplazado por una mezcla asombrosa de quejidos, chirridos, estallidos, resonancias, silbidos, crujidos y golpes a medida que Josephu conducía el viejo vehículo que rodaba por todo el centro de la carretera a 70 millas por hora.

De repente el señor Harris se enderezó en el asiento.

—Dios mío —dijo—. Allí hay un cruce —subió el tono de la voz—. Hay un camión.

Chris miró a la derecha y vio que en efecto un enorme camión se dirigía rápidamente hacia el punto donde la vía del aeropuerto se unía a la carretera principal. Le dio un vistazo al taxista, que en esos momentos estaba entregado al canto y a mirar a su alrededor.

—¡Vaya más despacio! ¡Allá va un camión! —gritó Chris. Tenía las manos entrelazadas y sus articulaciones se veían blancas.

Josephu dio un vistazo a la derecha, aumentó con furia las revoluciones del motor e hizo crujir en estallidos los cambios de cuarta, otra vez a tercera.

—No puedo ir más despacio —vociferó. Me faltan cambios. No se afanen. Le ganaremos.

Y aullando de la felicidad, lanzó el auto hacia el cruce, aún a 70 millas por hora.

El camión seguía su rumbo, implacable, hacia el punto fatal de convergencia. "Auxilio", pensó Chris. "No vamos a sobrevivir ni diez minutos en el África".

—¡No se preocupen! —gritó Josephu, como si fuera un piloto de avión suicida, un kamikaze, mientras el automóvil y el camión se dirigían hacia el mismo punto.

Al llegar al cruce le dio una breve pisada al freno, y luego echó el auto bruscamente hacia la izquierda dando un giro de 90 grados sobre la carretera principal. Las llantas chillaron furiosas y el vehículo amenazó con volcarse sobre el costado al levantarse del suelo las dos ruedas del lado de los pasajeros.

Aterrorizado Chris miró hacia la derecha. Lo que vio en ese momento permanecería en su mente para siempre. La gran mole del radiador del camión cubría toda su ventana, tan cerca que pudo ver claramente las polillas e insectos muertos aplastados contra la rejilla. Tan cerca que podría, pensó, sentir calor del motor. Tan cerca que lanzó involuntariamente un quejido de horror y de miedo.

Pero ahí mismo, milagrosamente, todo pasó. Josephu pisó el acelerador con fuerza, mandando el auto directamente hacia el centro de la carretera en donde él mismo se enderezó, sacudiéndose como un perro mojado. Con un chirrido rabioso de los frenos y los estallidos de la bocina, el camión se detuvo detrás del auto, dejando muy pocos milímetros entre los dos parachoques.

Completamente inalterado, Josephu comenzó a retirarse acelerando. Le aumentó la velocidad al vehículo hasta llegar a 60 nuevamente y con un golpe pasó a la cuarta, produciendo un estrépito tan retumbante que parecía como si le fuera a arrancar la caja de velocidades al auto. Estaba cantando alegremente la canción favorita del momento: "¿Recuerdas a Sion?"

—Yo sí le voy a dar a Sion —gruñó el padre de Chris entre dientes.

El taxista volvió la cabeza, sonrió mostrando todos los dientes y dijo: —Sí, sí. No se preocupen. Nuevo Safari... ya mismo.

CAPÍTULO IV

Al frente del Hotel Nuevo Safari en Arusha, Mike Taylor estaba atareado cargando el campero Land-Rover. Esta semana iba a ser buena. Un turista estadounidense lo había contratado para ir a un safari a Serengeti, así que por primera vez en muchas semanas entraría un poco de dinero.

Últimamente la vida se había vuelto más difícil. En algún momento, pensó, las cosas en Tanzania comenzaron a marchar mal. Se estaban ignorando los lugares de cacería más maravillosos del mundo porque los turistas preferían ir a Kenya. Kenya estaba invadida por los turistas mientras que Tanzania estaba desierta. Los aficionados al safari dicen que cada león en Kenya está rodeado por 20 turistas, y cada turista en Tanzania está rodeado por 20 leones.

El dicho tenía mucho de cierto. Tanzania, uno de los países más pobres del mundo, se estaba quedando cada mes más atrás. Había pocos dólares para importar, así que las tiendas estaban vacías; los autobuses y los tractores se dañaban y así se quedaban; las poblaciones y los caminos se estaban deteriorando, había constantes fallas de electricidad; el agua salía de las llaves sólo ocasionalmente; y la gasolina estaba racionada desde hacía meses.

La gasolina era lo que preocupaba a Mike Taylor en ese momento. Estaba rodeado de tarros, en total 20: el fruto de sus andanzas y sus negocios en el mercado negro y de algunos sobornos bien colocados. A fuerza de engaño, astucia y deshonestidad ya había recogido suficiente gasolina para llevar su safari hasta Seronera y regresar. Se sentía satisfecho con su trabajo de la mañana.

Le estaba alcanzando los pesados tarros, uno por uno, a Bennie, su conductor chagga, que esperaba parado en el portamaletas del techo.

—¿A dónde vamos, jefe?

—Vamos a llevar a un estadounidense a Seronera. Es muy rico, así que te agradecería que trataras de ser cortés, como por variar. Quizás nos dé una propina gorda después.

El rostro de Bennie se convirtió en una gran sonrisa.

—¿Yo, cortés, jefe? Siempre soy cortés. Especialmente con los estadounidenses. Los estadounidenses tienen dólares —sus ojos brillaron al decir la palabra.

—Eres un pícaro. Siempre has sido un pícaro. Y si haces que se enoje este hombre como hiciste con el anterior, no te voy a dar ni un solo centavo de lo que ganemos.

—Ay, jefe, un momento. Fue una broma.

—Introducir una serpiente en el estuche de la cámara de un turista no es una broma. Le pudo haber dado un ataque al corazón. Y entonces, ¿a dónde habríamos ido a parar? A la cárcel, los dos.

Bennie mostró una sonrisa todavía más amplia.

—Jefe, era una serpiente de árbol inofensiva. Y usted se rió con tanto entusiasmo que casi se cae. Yo lo vi.

Mike lo miró fijamente, achicando los ojos.

—Cierra la boca y carga la gasolina.

—Sí, jefe.

Continuaron en silencio varios minutos hasta que el último tarro quedó en su sitio.

—Bien, amárralos, porque si no se irán antes de que nos volteemos a mirar. Yo iré a traer las pistolas, y tú ve a ver si tu pasajero está listo.

Mike dio una vuelta, cruzó la calle y se dirigió hacia la entrada del hotel. Cuando estaba entrando por la puerta principal, lo llamó Bennie.

—En todo caso no nos hubieran metido a la cárcel.

—¿Por qué?

—El jefe de policía es mi tío.

Mike gruñó una vez, luego entró en la penumbra del Hotel Nuevo Safari.

"Nuevo" no era la mejor forma de describirlo. En realidad, podría decirse que el Hotel Nuevo Safari tuvo su época. Fue espléndido, pero desde hacía algunos años habían dejado de hacerle reparaciones, y nadie se había ocupado de que no se cayera.

Ahora las paredes estaban peladas y agrietadas. Los tapetes y los enormes sillones de cuero tenían huecos. Arriba, los tristes venti-

ladores levantaban nubes de mosquitos que gemían y zumbaban constantemente. Las cucarachas pululaban, sacudiendo sus obscenas antenas y haciendo traquetear sus caparazones prehistóricas por el piso.

Todo olía. A viejo, a humedad, a trópico, mugre y descomposición.

Mike se encaminó hacia el bar, una grande y sólida construcción de madera tallada que tenía como fondo una pared de espejos rajados y con manchas color marrón. Los estantes del bar estaban vacíos. En las buenas épocas se podía conseguir Konyagi, una bebida local fuerte. De vez en cuando se podía conseguir Coca-Cola.

Éste no era uno de sus mejores momentos y sólo había Safari Lager, la cerveza local.

—Cerveza.

El cantinero le dio a Mike una botella tibia color marrón y éste la alzó y la miró contra la luz para ver si alguna cucaracha había logrado entrar allí. Los largos años en el trópico le habían creado a Mike un odio por estas criaturas. Y también un respeto mezclado con aversión. Una vez abrió un frasco de pimienta roja que él sabía que no había sido abierto en un año, y salió una cucaracha color naranja brillante.

—Los seres que pueden sobrevivir en estas condiciones estarán aquí cuando todo lo demás haya desaparecido —decía Mike.

Satisfecho de que la cerveza no contenía nada extraño, escogió la silla de brazos de cuero que menos resortes salidos tenía y dejó caer allí su larga figura huesuda.

Alguien que sólo lo conociera por su reputación se habría desilusionado de él en cierto modo.

Por muchos años había sido el guardabosque principal de la inmensa y solitaria reserva de Selous en Tanzania, vedada para la caza. Este lugar extenso, remoto, salvaje y misterioso había sido uno de los últimos sitios desiertos del planeta y Mike le había entregado su alma al lugar y a los tímidos y pacíficos animales que vivían allí.

Todo el mundo sabía que él prefería los animales a los hombres. Se sabía que sólo le dispararía a un animal en defensa propia o si éste estaba herido, pero que mataría sin vacilar y sin inmutarse a cualquier cazador furtivo. Era un hombre que tenía fama de no temerle a nada; un hombre que dedicaba su vida a proteger la belleza salvaje de Tanzania; un hombre que sabía más acerca de ese vasto país que cualquier otro hombre vivo.

Esta clase de hombre, y a uno lo perdonarían por pensar así, debería de ser imponente. Quizás se parecería a Robert Redford, impecablemente vestido con un traje de safari color caqui, cinta de piel de leopardo en el sombrero de ala ancha, pulsera de pelo de elefante en la muñeca, y unos ojos de color azul pálido que miran siempre a los horizontes lejanos. Un dios de bronce.

El hombre que se encontraba hundido en el sillón, haciéndole muecas a la cerveza tibia, no tenía nada de esto.

Es cierto que los años en el trópico le habían tostado los brazos y las piernas de un color nogal oscuro. Pero también le habían arrebatado el color del rostro. Años de malaria y disentería lo habían dejado esqueléticamente delgado, y le habían dado a su piel un brillo amarillento. El sol había dejado su cabello y su barba sin vida y ambos se habían vuelto totalmente balncas prematuramente. Llevaba puesta una camiseta que se le había quedado a un turista hacía dos años, con las letras UCLA (él no hubiera podido decir a qué se referían) estampadas, unas bermudas amplias color caqui y unos zapatos tenis blancos sin medias.

Los ojos de color azul pálido eran otro asunto: sí los tenía, y constantemente mira-

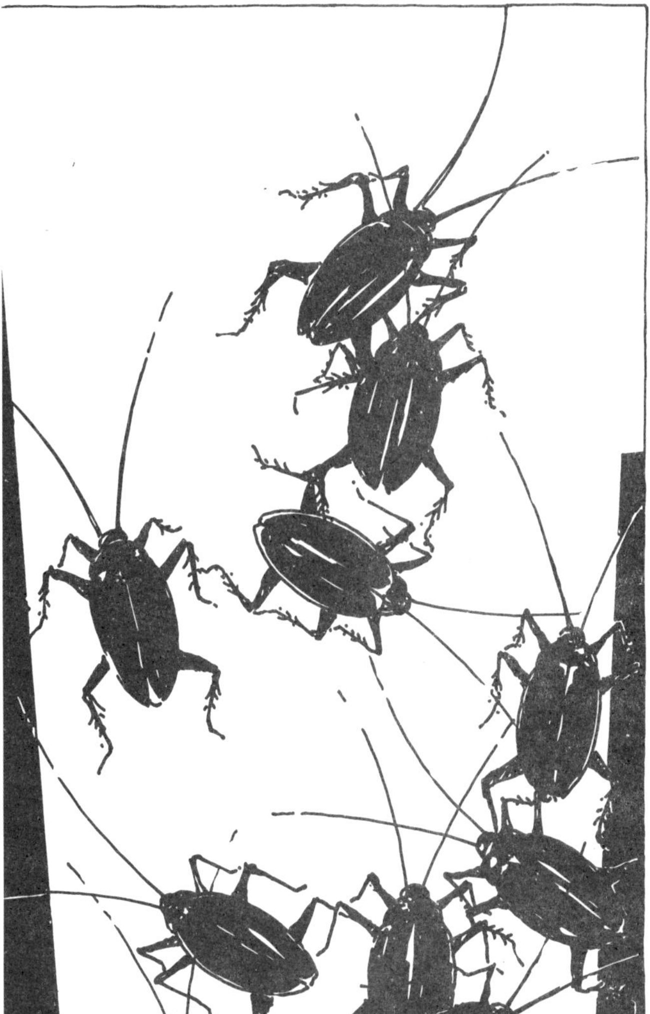

ban hacia horizontes lejanos. Horizontes del pasado.

Su trabajo en Selous había terminado hacía cinco años. La indiferencia del gobierno, la falta de dinero para mantener la carretera y los Land-Rovers, los cazadores furtivos cada vez más osados y sofisticados, a menudo ayudados por la gente local, todo esto lo había alejado de su amada reserva y sus animales. No pudo soportar el tener que permanecer allí observando la lenta destrucción de sus años de trabajo y cuidado. Simplemente volvió la espalda y se fue.

Intentó regresar a "casa", a Inglaterra. Casi enloqueció de claustrofobia allí, soñando constantemente con los enormes espacios y el cielo de su África. Entonces regresó, con un Land-Rover, y se instaló en la cómoda rutina de conducir turistas hasta los lugares donde pudieran tomarles fotografías a los leones condescendientes y pacientes.

Dio un largo suspiro al recordar ese pasado.

—Una cordial despedida a toda mi grandeza —masculló entre la botella de cerveza—. Aún así, pienso que no estoy tan mal.— Y se rió entre dientes al recordar lo de la serpiente—. Gracias a Dios tengo a Bennie, a pesar de todo.

Casi en respuesta al apunte, Bennie apareció en la puerta.

—Todo terminado, mzee. Gasolina amarrada. Tanques de agua llenos. Maletas adentro. Nos vamos, ¿no?

—Nos vamos —dijo Mike.

Se dirigió hacia el bar. Se agachó y sacó dos rifles largos en estuches de cuero que estaban debajo del bar y le hizo un guiño al cantinero.

—Gracias por cuidármelos.

El cantinero asintió con una sonrisa.

—¿Sabías —preguntó Mike— que Ernest Hemingway guardaba sus pistolas detrás de este mismo bar?

—¿Quién? —dijo Bennie.

—No te hagas el ignorante. Algún día alguien va a creer que sí lo eres. Tú sabes muy bien a quién me refiero.

—Perdón —dijo Bennie.

El cantinero sonrió nuevamente.

—Él —dijo—. Una vez se emborrachó aquí adentro y disparó al cielo raso. Los tiros subieron derecho y atravesaron el piso de una alcoba, atravesaron el colchón y se metieron en la espalda de una mujer blanca y gorda. Ella bajó corriendo las escaleras en camisa de dormir y tiró a Hemingway al suelo.

Lanzó un aullido de felicidad por el cuadro que acababa de crear y Bennie se unió a él. Las mujeres gordas siempre eran buen motivo de risa.

—Imagínense —dijo Mike cuando ya se habían calmado—, yo puedo estar parado en el preciso lugar donde Hemingway se paró. O donde se cayó.

Los tres miraron hacia el entablado del piso, pero no descubrieron ningún signo del gran hombre de literatura y alboroto. Entonces Mike dijo finalmente: —Muy bien. Nos vamos. Bennie, sube y dile a nuestro cliente que estamos listos. Está en la habitación número 14 y su nombre es Hyram T. Johnson. Sé educado. Llámalo "Señor".

—Está bien, jefe.

—Y Bennie.

—Sí, jefe.

—Mantente alejado de sus maletas.

—Está bien, jefe.

Y Bennie salió, con una sonrisa grande y completamente inocente en el rostro.

Con las armas debajo del brazo, Mike se paseaba por el sórdido pasillo del hotel. Al llegar a la entrada principal, puso la mano en la puerta de vaivén que daba a la calle. La puerta se abrió de repente con un violento estruendo que lo empujó hacia atrás. Resbaló en las baldosas rajadas y levantadas del piso y mandó los brazos contra la pared para no caerse. Las armas cayeron al suelo con un golpe.

Enceguecido momentáneamente por la luz brillante que inundaba la calle, se recuperó y vio una forma negra y grande que cruzaba el salón, cargada con valijas y maletas.

Maldijo entre dientes.

Una voz dijo: —Cielos, ¿le pasó algo?

Mike movió la cabeza con fuerza de un lado a otro para aclarar la visión y se encontró frente a frente con un atento joven de cabellos claros de unos 14 años.

—¿Qué diablos fue eso? —preguntó—. ¿Un terremoto?

—Más o menos —se rió el niño—. Si hubiera visto cómo conduce. Espere, le recojo esto— recogió los dos estuches de cuero y se los entregó a Mike.

—Cuidado —dijo Mike—, son escopetas. Ponlas sobre esta mesa. Vamos a mirar para ver si ese tonto las estropeó.

—¿Escopetas? —dijo el niño muy impresionado. Miró fijamente la figura angulosa y excéntrica que tenía ante él. —¿Es usted... cazador?

—No, no exactamente —dijo Mike—, aunque podría hacer una excepción con respecto a él— y dio una mirada oscura y amenazadora hacia el otro lado del salón, donde Josephu con entusiasmo golpeaba las maletas de un lado a otro y le vociferaba amablemente a la recepcionista.

El señor Harris entró por la puerta.

—¿Qué sucede? —preguntó. Parecía estar enojado.

—Es el taxista ése —dijo Chris—. No mató a nadie en la carretera, pero aún quiere intentarlo.

—Ah —dijo el señor Harris, y se dejó caer en una silla.

Mike terminó de examinar las escopetas.

—Y bien, no les pasó nada. Parecen estar en buen estado.

Miró más detenidamente al padre y al hijo.

—¿Ustedes son turistas? —preguntó.

—No —respondió Chris—, vamos a vivir aquí. Acabamos de llegar en el avión que vino esta mañana de Amsterdam. Mi padre va a ser el ingeniero del hospital de Musoma. Volaremos esta tarde hasta allá en un avión misionero.

Mike tendió la mano.

—Bienvenidos a Tanzania, entonces. Mi nombre es Mike Taylor. Yo también viajo hacia allá. Voy en automóvil a Seronera con un turista hoy mismo. Ustedes pasarán por allí. Hay un hotel enorme construido dentro de las rocas de un kopje. El piloto se los mostrará. Me pueden hacer señas.

—Lo haré —dijo Chris.

—Si pasan por Arusha de nuevo, búsquenme. Busquen un Land-Rover blanco con el letrero de Taylor's Tours pintado en un lado. Los invito a una Coca-Cola si vuelven a tenerlas en este país algún día.

Y con una breve inclinación de la cabeza y una sonrisa dio la vuelta para retirarse. Se detuvo un segundo en la puerta y se volvió nuevamente.

—¿Entre otras cosas, cómo te llamas?

—Chris Harris.

Y Mike salió por la puerta hacia la calle.

Chris silbó. —¡Qué personaje tan extraño! —dijo.

—Ya he tenido suficientes personajes en este día —refunfuñó el señor Harris. —Suficientes taxis para este año, y después del que viene no querré ver otro aeroplano en mucho tiempo. Vamos a ver si podemos dormir siquiera dos o tres horas antes de la próxima etapa.

"¿Dormir?", pensó Chris. "¿Cómo es posible que alguien quiera dormir en un momento como éste?"

Fue hasta la ventana y miró hacia afuera. Gente con trajes de colores colmaba las calles, una tapicería ambulante relucía bajo el sol brillante de la mañana. Era difícil creer que apenas ayer habían dejado atrás la niebla y el penetrante frío del invierno de Londres.

Se quedó ahí unos minutos mirando a Mike Taylor mientras le ayudaba a subir al Land-Rover al turista que sudaba con la excesiva ropa que llevaba puesta. Un hombre interesante, pensó para sí. Ojalá lo vuelva a encontrar.

CAPÍTULO V

La manada había cazado esa mañana. La presa era abundante ahora. Los ñus estaban emigrando y por el horizonte cruzaban las largas hileras de animales, los millones de figuras de gárgolas en su extraño peregrinaje hacia ninguna parte. En la oscuridad que precede al alba, la manada había aislado a una vaca, rodeándola con el paso silencioso, cada vez acercándose más, hasta que ella se quedó ahí inmóvil, aterrorizada y perpleja, sus ojos penetrando la noche. Con un gruñido la echaron al suelo en una ráfaga, arrancándole pedazos de carne antes de que el último destello de miedo muriera en su cerebro.

La luminosa luz de la mañana de Serengeti iluminaba la escena. El viejo macho, marcado por las cicatrices de las batallas y enflaquecido por la edad, se encaminó hacia el kopje cercano y se tendió sobre su roca predilecta. Al pie suyo, sus leonas y los dos cachorros estaban todavía comiendo, refunfuñando y gruñendo de placer ante los sangrientos despojos.

A poca distancia, el macho joven aspirante se hallaba agazapado en posición de acecho, batiendo la cola de un lado al otro con impaciencia.

El macho viejo retorcía los labios mientras fijaba la mirada en el león más joven, y emitió un gruñido grave de advertencia. El aspirante le respondió con uno de reto, pero no se movió.

A una mayor distancia todavía, parloteando y echando baba, moviéndose para atrás y para adelante constantemente, las hienas andaban en círculos. Daban vueltas y vueltas, entrando y saliendo, escondiéndose con sus risitas tontas, interpretando un ballet obsceno, mascando con sus quijadas trituradoras de huesos en anticipación a las delicias que las esperaban.

Y por encima de todo, el símbolo sempiterno de la muerte que vuela por los aires de África: los buitres, viles y con ojos de locura, marcaban círculos perezosos y pacientes en el cielo.

El eterno panorama diario de África. El de un millón de muertes cada día, no presenciadas por el hombre, no lamentadas por nadie.

El joven macho comenzó a levantarse, impaciente. Con la cabeza baja empezó a avanzar con paso majestuoso hacia el grupo que estaba comiendo. Dos pasos, otros dos, otro.

El viejo patriarca, en lo alto del kopje, lo vio inmediatamente. Elevó la cabeza hacia el cielo, abrió su gran boca y dio un solo gruñido de advertencia que se estrelló contra el aire.

El aspirante se detuvo. En todo caso no había sido una movida seria. Era parte del ritual diario. Un ritual de reto y refutación, simulación y pases, avanzada y retirada. El significado era claro para todos. El viejo, que ya estaba perdiendo sus poderes, pronto sería reemplazado por el nuevo. Expulsado por la sangre joven, sangre fuerte que engendraría la generación siguiente. Ya las leonas estaban dando muestras de que no les disgustaban las atenciones de esta nueva y poderosa fuerza.

Pero aún no había llegado la hora. El león viejo todavía podía evocar una imponente majestad, todavía podía dar un zarpazo y botar a este impertinente jovencito al polvo y mandarlo lejos a chillar enfurruñado más allá de la línea invisible de tregua a curarse las heridas.

No importaba, el aspirante tenía tiempo de sobra para esperar.

Las leonas terminaron de comer. Con los estómagos tan distendidos que casi les colgaban hasta el suelo, lentamente comenzaron a llamar a los cachorros al kopje. Subieron saltando pesadamente de roca en roca y se acomodaron al pie de su patriarca, quien somnoliento les gruñó la bienvenida.

Ahora le tocaba el turno al aspirante.

Con un estallido repentino de violencia el león joven se levantó, dio la vuelta y se lanzó sobre la manada de hienas que daban vueltas ansiosamente, amonestándolas con ladridos mientras avanzaba. Con un aullido agudo y descoordinado de terror, la manada se dispersó en medio de una polvareda, y se tranquilizó formando un nudo quejumbroso a corta distancia.

Habiendo dado ya el aviso, el león volvió la espalda a los ruidosos quejumbrosos y con

un paso grave y perezoso se encaminó lentamente de nuevo hacia su sangrienta mesa de desayuno.

Llegó el silencio a la tranquila mañana de Serengeti. Un momento de calma antes del bien ensayado cambio de escena.

El silencio sólo lo interrumpían los gruñidos del león mientras comía y el suave siseo de las pacientes alas de los buitres.

CAPÍTULO VI

El diminuto aeroplano monomotor zumbaba como una máquina de coser mientras recorría la pista aumentando la velocidad y se alzaba en el aire tranquila y suavemente. A medida que iba ascendiendo, el piloto inclinó el avión hacia la derecha, dibujando así un círculo sobre la población de Arusha.

Desde su asiento junto al piloto, Chris miraba hacia abajo. Por todas partes había color. Las casas blanqueadas con sus techos de tejas rojas estaban construidas en avenidas de árboles de jacaranda con sus brillantes flores violeta y jardines cercados de buganvilla morada y escarlata. Autos viejos y enormes autobuses pintados de colores fuertes serpenteaban por entre la muchedumbre de gente vestida con tonalidades vivas. La brillantez, ésa había sido la primera impresión que recibió Chris de las ciudades africanas. Los tonos vivos de las flores y plantas eran recogidos e imitados en los trajes africanos, de manera que la ciudad entera era como la paleta de un artista. "Un alboroto de color", había leído Chris en alguna parte. Alboroto era la palabra correcta. El color aquí era casi violento.

El avión dio la vuelta haciendo un círculo completo y luego continuó a un mismo nivel a medida que el piloto fijaba el rumbo y dirigía la nave hacia el oeste, hacia el centro del África y al lugar donde iban a vivir durante los próximos tres años.

En minutos, la población y sus bordes verdes oscuros de plantaciones de café quedaron atrás. Eran las cuatro de la tarde y el sol que todavía estaba arriba en el cielo era ya más cordial. La terrible blancura del calor del mediodía había sido reemplazada por un amarillo dorado.

Mirando al frente desde la cabina, luego a la izquierda hacia el sur, luego hacia el norte, de repente el África le llegó a Chris como un golpe de martillo, con una fuerza que lo dejó atontado.

No era simplemente la inmensidad de la vista que se extendía en cada dirección, aunque ésta ya causaba asombro. Él sentía que en medio de este aire luminoso y ligero podía ver a mil millas de distancia, y las lejanas montañas flotaban en tonos pastel azules y rosados en los confines del mundo. Pero no era el tamaño lo que lo golpeaba al ver por primera vez esta tierra. Era el inmenso vacío que cortaba el aliento. A sus ojos, acostumbrados a las ciudades y los pueblos, o a los campos y setos bien ordenados y limpios, y a los serpenteantes caminos de Inglaterra, los grandes silencios y soledades del África le mandaron un flechazo de temor que le atravesó el cuerpo.

Chris se estremeció por un segundo. De repente, en este diminuto aeroplano se dio cuenta de cómo en su vida pasada había estado aislado siempre protegido del peligro. Lo que ahora tenía frente a él era una tierra que no había cambiado en decenas de miles de años.

No hubiera podido expresar su temor en palabras, pero en lo más profundo de su ser la memoria colectiva le decía que aquí había peligro. Que aquí, detrás de cualquier árbol o roca, en un hoyo en el suelo o deslizándose apenas debajo de la superficie del agua, en el pasto alto o en el aire, había amenazas y peligro. La muerte está en el aire que se respira en el África y quienes no tienen cuidado cuando sienten su olor no sobreviven.

Chris dejó de temblar, pero apartó los ojos de las ventanillas y miró más bien al piloto para sentirse más seguro. El África le había dado susto. En un instante de reflexión había hecho flaquear su seguridad. De repente se sintió muy pequeño e impotente.

El piloto le sonrió.

—¿Qué te sucede, chico, estás asustado?

Chris asintió.

—Sí —dijo tímidamente, al darse cuenta de que el piloto lo había visto temblar—. Todo ha sido demasiado sorpresivo. En un momento estamos volando sobre la ciudad. Al momento siguiente... nada.

Dio la vuelta en su asiento y miró a su padre para ver si él había tenido la misma reacción. El señor Harris estaba mirando por la ventanilla, con seriedad, pero tranquilo.

—No te preocupes —dijo el piloto—, muchos se sienten afectados de la misma forma la primera vez.

—Es tan vacío —dijo Chris.

—Nada de eso. Parece que estuviera vacío, pero está lleno. Mantén los ojos abiertos durante la próxima hora y verás más animales de los que jamás hayas visto. Agárrate de tu asiento y te llevaré a ver a unos amigos que tengo.

Y con una gran sonrisa lanzó el avión hacia abajo, inclinándolo para hacer la curva hacia la izquierda.

—Mira al frente. ¿Ves el lago?

Chris asintió. A lo lejos en la llanura una mancha plateada bordeada de rosado brillaba con una luz trémula. Detrás de ella se levantaba un muro verde macizo que se extendía de norte a sur hasta donde alcanzaba la vista.

—El lago Manyara y la muralla del Valle del Rift —el piloto tenía que gritar para sobrepasar el ruido del motor.

El avión continuó volando a un nivel de 150 pies. Desde tan cerca el terreno se veía menos inhóspito y Chris, quien recobró la confianza gracias al carácter amable y la obvia habilidad del piloto, se acomodó nuevamente en su asiento.

Hasta ahora, volar no lo había impresionado mucho. Después de su asombro inicial ante el enorme tamaño del DC10, se había desilusionado al ver que no había nada emocionante en un vuelo largo. No se veía nada. No había nada que hacer, salvo comer y dormir.

Pero esto. Esto era diferente. Dar vueltas casi a la altura de las copas de los árboles, inclinándose y virando, con el olor del aceite caliente y del combustible en las narices, esto sí era volar de verdad. El rugido del motor y el suelo y los árboles que se levantaban debajo de él eran tan emocionantes como montar en una montaña rusa. Sonrió.

—Así está mejor. Ahora mira.

El extremo del lago se acercó volando hacia ellos y Chris se llenó de asombro al ver cómo los bordes rosados se convertían en una multitud de puntitos individuales. Cuando el avión pasó como un rayo por encima, un millón de cabezas con unos picos negros absurdamente grandes miraron hacia arriba. Los flamencos. Un sinnúmero de formas rosadas y blancas que metían las cabezas y se bañaban en las orillas del lago, dando elegantes pasos sobre patas que eran como palillos de fósforos o piernas de bailarinas de ballet.

Casi rozando la superficie del agua, el avión cruzó por el centro del lago como una flecha. Unos pocos flamencos, asustados, emprendieron el vuelo, enormes voladores desgarbados, los cuellos curvados formando una "s", las patas como ramitas quebradas, colgando impotentes hacia atrás.

Luego volaron otra vez sobre tierra, y un pequeño río perezoso, como una sopa de color café, serpenteaba delante de ellos.

—Aquí es donde viven mis amigos. Mira siempre al río.

El piloto redujo la velocidad del avión; el aparato comenzó a volar más despacio y siguieron la orilla del río.

—Allá —dijo él—. Allá al frente.

Chris siguió la mirada del piloto. El río se abría en un estanque grande lleno de piedras redondas grises. En las orillas había unos cuantos pájaros y uno o dos estaban sentados sobre las piedras arreglándose las plumas.

"Mmm", pensó Chris, "debe ser un observador de pájaros. Primero los flamencos... Y ahora éstos". Se sintió un poco desilusionado; los pájaros eran interesantes, pero... En ese momento una de las piedras levantó una cabeza enorme y verrugosa por encima del agua y bostezó. La gran caverna rosada de la boca y unos dientes como tocones se volvieron hacia ellos cuando el avión hizo un descenso veloz al pasar directamente por encima del estanque.

—Eso los despertará —gritó el piloto, feliz—. Son una plaga perezosa, los hipopótamos.— Y le dio nuevamente la vuelta al avión y se dirigió otra vez hacia el estanque.

Chris se volvió hacia atrás en su asiento y gritó por encima del ruido del motor.

—Papá, mira. Hipopótamos.

El señor Harris sonrió al ver la emoción de su hijo.

—Ya los veo —respondió alzando la voz.

Esta vez había más actividad. Asustadas por el vuelo bajo del avión, algunas de las enormes criaturas salieron del agua casi arrastrándose y estaban paradas en la orilla del lago inquietas. Chris vio un hipopótamo pequeño escondido entre dos hembras y dijo en voz alta:

—Ay, miren, tienen un pequeño... no los asustemos.

—No están asustados, sólo sienten curiosidad por el ruido. Y no crean en esa mirada tímida. Si nos llegáramos a acercar a ese pequeño nos partirían en dos de un mordisco.

Una vez más el avión pasó por encima de ellos rugiendo, y a pesar del ruido del motor Chris podía oír la confusión de ronquidos y gritos y rebuznos de queja que venían de abajo mientras cientos de cabezas se volteaban con sorprendente soltura y ligereza y seguían su vuelo por el aire.

—Muy bien. Última vez —dijo el piloto mientras volteaba el avión una vez más.

Esta vez unos de los hipopótamos más grandes se habían arrastrado hasta la orilla. Al regresar el avión hacia ellos, uno se separó de la manada y trotó hacia el sonido, pestañeando con mirada miope, la cabeza en alto.

—Asombroso. Yo pensaba que eran unas criaturas torpes —exclamó Chris—. Está trotando como un caballo. Con la misma elegancia.

—Lo sé —dijo el piloto mirando abajo, casi afectuosamente, al enorme hipopótamo—. Sabes, en realidad son bastante ágiles. Te pueden atropellar fácilmente si lo desean. Son todavía más hábiles debajo del agua. Son espléndidos nadadores.

Y el avión pasó por última vez por encima de ellos, dejándolos que refunfuñaran y alegaran mientras volvían a la frescura del agua.

Chris se dio la vuelta en su asiento, pensando cuánto desearía quedarse allí, y vio cómo las enormes moles se deslizaban hacia las frías profundidades.

El avión se estaba elevando nuevamente. El desvío hacia el estanque de los hipopotámos los había llevado cerca del muro del valle y el avión volaba en ese momento en forma paralela a lo largo del muro para cobrar altura.

—¡La próxima parada es la novena maravilla del mundo! —gritó el piloto.

—¿La novena? ¿Cuál es la octava?

—La estás mirando. El Rift. Es un valle que tiene una extensión de cuátro mil millas. Desde el Mar Muerto hasta Mozambique, baja por toda el África. Rajó el territorio casi de arriba abajo. Imagina el estruendo cuando se cayó el piso.

Chris miró hacia la pared empinada de dos mil pies que bordeaba el valle y se llenó de asombro. En ese momento se dio cuenta de que el área que habían estado sobrevolando, el fondo del valle, había estado en otra época al mismo nivel de este acantilado. Trató de imaginar un pedazo de terreno de cuatro mil millas de largo y 50 de ancho cayendo con un estruendo, pero la idea era demasiado difícil de abarcar.

El piloto se rió entre dientes al ver la perplejidad en el rostro de Chris.

—¡Piensa en grande! —gritó—. Todo en el África es grande.

El avión se disparó hacia arriba y pasó por encima del borde de la pared y comenzó a dar la vuelta, mientras subía rápidamente.

—Y entonces... ¿Cuál es la novena?

—La novena ya viene. Mira al frente.

El avión siguió volteando y a lo lejos Chris vio la mole azul de una montaña redonda y alta dibujada contra el cielo.

—¿Cuál, la colina? —preguntó.

—Esa "colina" como tú la llamas, mi joven amigo, es la novena maravilla. El zoológico más grande del mundo.

—¿Zoológico? —repitió Chris, incrédulo.

—Vas a ver. Siéntate bien. Vamos a trepar un poco. Aquél es el cráter de Ngorongoro, y tenemos que subir hasta los diez mil pies para entrar en él.

—¿Cráter? ¿Quieres decir que es un volcán? —dijo Chris en un tono de alarma, y luego miró atrás a su padre. Afortunadamente el señor Harris no podía oír bien debido al ruido del motor y simplemente le envió una sonrisa tranquila al niño.

—Cálmate. Ha estado apagado miles de años. Espera y observa.

Y el avión siguió subiendo poco a poco. Y subía; arriba, arriba, hasta que al alcanzar los diez mil pies continuaron al mismo nivel y se dirigieron hacia la montaña. Mientras avanzaban se veía que se trataba realmente de un cráter, pero un cráter tan extenso que desafiaba la imaginación. Un camino milagroso color rojo óxido se abría paso hacia arriba por entre la densa selva tropical hasta el borde, y en un espeluznante filo de cuchillo daba la vuelta hacia el oeste.

El avión pasó a toda velocidad por encima del camino, por encima de la última hilera de árboles que se aferraban desesperados en el aire.

—Ahí está —dijo el piloto triunfante.

Chris contuvo la respiración. Su mente daba vueltas, por lo que acababa de mirar.

¿Eso era un cráter?

Pero... se detuvo, sin saber qué decir. De nuevo sintió un frío. De nuevo la inmensidad era casi incomprensible.

La pared del cráter caía perpendicular hacia abajo miles de pies hasta el suelo. Pero no parecía que fuera un cráter, era más bien como un enorme valle verde y fértil, pues el otro lado estaba tan lejos que parecía otra montaña en la distancia.

—Piensa en grande —dijo el piloto, en voz más baja esta vez—. Ésta es la más grande.

—¿Qué tan grande? —preguntó Chris.

—De pared a pared, de un lado a otro tiene 10 millas. Y 12 millas de largo.

El avión estaba cayendo, bajando, bajando hacia el suelo del cráter, casi deslizándose, sin acelerador. La cabina quedó en silencio. Aun desde el avión era obvio que se trataba de un lugar mágico. Un lugar alejado del mundo.

Un valle perdido.

—¿Por qué dijiste que es "el mejor zoológico del mundo?" —preguntó Chris.

—Mira a tu alrededor. Estamos completamente rodeados por las paredes del cráter. No es imposible entrar y salir, pero sí es difícil. El pasto es bueno, los árboles son resistentes. Hay agua, incluso hay un lago allá abajo, ¿ves? ¿Si tú fueras un animal, no te gustaría vivir allí?

Y ahora, a medida que el avión se acercaba al suelo, Chris pudo ver lo que el piloto quería decir. Aquí, en este enorme tazón, estaba toda la vida africana, en paz consigo misma. Mientras pasaban a ras del suelo pudieron ver grandes manadas de cebras y gacelas comiendo del grueso pasto brillante; los ñus echados como vacas de granja rumiando; las jirafas andando a paso largo, pesado y tranquilo a la vez, achicando los árboles; y hacia el oeste, como grandes rocas ambulantes, los elefantes, halando alegremente los voluminosos troncos de los baobabs. No parecían haber sentido el avión.

—Todos están aquí —dijo el piloto—. El león, el leopardo. Todos los cazadores y los que pastan también. Hasta los pobres rinocerontes están a salvo aquí.

—¿A salvo de qué?

—Del animal más maligno de todos. Del único animal que mata por placer o por codicia.

Miró a Chris.

—A salvo del hombre.

Chris asintió.

—Durante muchos años se le disparaba a cualquier cosa que se moviera. "Caza justa" la llamaban. ¿Sabes una cosa? —dijo, frunciendo el ceño— Lord Delamere trajo una vez un grupo de cazadores desde Nairobi hasta Serengeti y mataron cien leones en un día. Te imaginas. El más noble de los animales de la tierra muriéndose, en agonía, sólo para divertir a unos cuantos empleados del gobierno que se encontraban aburridos. Como si estuvieran matando patos en un juego de tiro al blanco en una feria.

Guardaron silencio.

El señor Harris le dio unos golpecitos en el hombro a Chris.

—Mira allá abajo —lo llamó—. A la izquierda.

Abajo un solitario rinoceronte atravesaba un claro sin hacer ruido, volviendo un poco la cabeza al oír el sonido del motor, con su enorme forma prehistórica tan extraña, tan primitiva.

—Míralo —dijo el piloto—. El espectáculo más triste del mundo. Su especie ha sido cazada casi hasta la desaparición. Lo matan sólo para conseguir su cuerno. Los chinos lo vuelven polvo y se lo comen. Creen que les devuelve la juventud.

—¿Y es verdad? —preguntó Chris.

—No lo sé... y no me importa. ¿Quién va a traer de vuelta a todos los rinocerontes? Eso es lo que quisiera saber.

Con brusquedad haló el acelerador nuevamente y el avión comenzó a ascender casi verticalmente para salir del cráter.

—En todo caso, ¿ves lo que digo del zoológico? Al menos los guardabosques pueden proteger a los animales aquí y es demasiado empinado para que los cazadores furtivos se tomen la molestia. Se quedan afuera, en Serengeti, donde corren menor riesgo de que los atrapen.

El avión ya estaba trepando rápidamente.

—A veces pienso que sería mejor que el hombre se extinguiera. Todo lo demás tendría entonces una oportunidad.

Y lanzó el avión por encima del borde al otro lado y siguió rumbo a Serengeti. Tomó un momento para ocuparse de la carta de navegar y la brújula, luego fijó el rumbo en dirección norte-noroeste, dejando el sol poniente a su izquierda.

—Muy bien. Musoma, aquí vamos —dijo.

Chris miró su reloj. Eran las 4:45 p.m.

—Un poco más de una hora de aquí —dijo el piloto—. Ahora cruzamos directamente por encima de Serengeti. Pasaremos sobre un hotel grande que se llama Seronera Lodge aproximadamente en media hora.

—Allá fue donde Mike Taylor dijo que estaría. Un señor que conocí en Arusha esta mañana. ¿Usted lo conoce?

—Ah, sí —sonrió el piloto—, todo el mundo lo conoce. Especialmente los cazadores furtivos.

Asintió con satisfacción.

—Los animales no lo saben, pero tienen un ejército de un hombre que los protege allí.

—Me dijo que lo buscara. ¿Lo podremos ver en la carretera?

—Pues, vamos a seguir la carretera un poco a medida que avanzamos hacia el norte... pero en unas 50 millas, no hay nada. Entonces, siéntate cómodo, descansa y disfruta del vuelo, como dicen los capitanes en los aviones Jumbo. Volaré bajo para que podamos ver las cosas interesantes.

Guardaron silencio, cada cual sumido en sus propios pensamientos, mientras el avión ronroneaba insistentemente en su vuelo por encima de lo que parecía ser un vacío infinito. El sol se había puesto rojo y la cabina se bañó en un resplandor adormecedor. Chris sintió que los párpados le pesaban pero se pegó a la ventanilla. No iba a perderse de nada. Hizo lo que dijo el piloto... se recostó en el asiento, permaneció tranquilo y miró.

Su mirada flotaba por encima de las copas planas de las acacias que salpicaban el paisaje infinito y se sintió bañado en la inmensa tristeza del África. Una nueva dimensión se había agregado: la inhumanidad del hombre en esta tierra salvaje. No podía apartar de su mente la escena del ansioso y solitario rinoceronte, andando silencioso, a un pelo de ser el último de su especie. Le era imposible concebir que existiera una mente que pudiera matar a una bestia tan grande y majestuosa por una ganancia tan insignificante.

"Otra lección que he aprendido", pensó para sí.

Y el avión seguía a su ritmo, enmarcando sus pensamientos.

Al frente de ellos un león ya anciano levantó un poco la cabeza. Sus oídos todavía finos habían captado un ruido extraño, como un zumbido, en la somnolienta tarde que estaba llegando a su fin.

Gruñó en tono bajo para avisarle al resto de la manada, y todos se movieron, refunfuñando de sueño, y se pusieron inmediatamente en estado de alerta.

El zumbido se acercó más, se hizo más recio.

Sintiendo el peligro, el león viejo se levantó y miró a lo lejos a la llanura.

No vio nada... Pero el sonido se acercaba cada vez más.

Saltó de roca en roca y se dirigió lentamente hacia el sonido. Las leonas reunieron a los cachorros en una cueva detrás de una gran roca y se sentaron, rezongando y batiendo las colas.

No lejos del kopje yacía el cadáver de la fiera, una masa hirviente de buitres que todavía estaban peleando por los últimos restos.

El ruido ya era muy fuerte y se estaba acercando rápidamente.

El león echó la cabeza con su abundante melena hacia atrás y emitió un estremecedor bramido de desafío. Inmediatamente los buitres se lanzaron al aire en una nube de gritos y chillidos; cien forma grotescas.

En ese preciso momento, salía de la luz cada vez más roja de Serengeti, rugiendo a cien pies de altura y sin la posibilidad de evitar la acción, en línea recta a 130 millas por hora, a meterse en la nube negra de pájaros hinchados, saciados y gritones, un pequeño y frágil avión plateado.

CAPÍTULO VII

El cuarto estaba muy oscuro, pero inmediatamente se dio cuenta de dónde se hallaba. La enorme y vieja silla de brazos se encontraba allí, envuelta en una espesa sombra, en un rincón, sus resortes salidos, violentos, con un aire asesino. Las enormes calderas zumbaban con fuerza y un opaco fuego rojo brotaba de ellas. Estaba otra vez en la escuela, en el cuarto de Henry.

Pero no era el cuarto amable y acogedor que él recordaba. Todo allí era amenazante. Las sombras revoloteaban y caían. La silla era más grande, mucho más grande, y los rotos en la tapicería se retorcían en unas muecas maliciosas, de labios flojos y burlones. Las herramientas de atizar el fuego, recostadas contra las calderas, se golpeaban como locas unas con otras, traqueteando como cadenas de calabozo y bailando con el zumbido de las calderas.

Afuera, al otro lado de la puerta cerrada, podía escuchar el susurro de unos grandes pies blandos, una respiración fuerte, hambrienta. Alguna cosa sabía que él estaba allí dentro y se paseaba impaciente, aguardándolo. Un hedor empalagoso de animal se filtraba por debajo de la puerta y el niño sintió náuseas por el fuerte olor a sangre.

No se podía mover. Era como si tuviera encima el peso de una enorme fuerza invisible que lo presionaba contra el piso. Por su cuerpo cruzó una corriente de pánico. ¿Qué había sucedido? En un momento había estado conversando tranquilamente con Henry en la familiar y acogedora habitación; al momento siguiente se había visto allí tendido, paralizado al parecer, en este lugar de pesadilla, de maldad y de terror. ¿Qué pudo haber ocurrido?

Desesperado, trató de levantarse. Alzó la cabeza con mucha dificultad una o dos pulgadas del suelo. La cabeza le dolía. Mucho, con intensidad. Trató de llevar el brazo derecho hacia ella para explorar el dolor. El brazo no se movía.

El zumbido de las calderas era cada vez más fuerte, se convirtió en un golpeteo rítmico que le hacía temblar la cabeza. El rojo se hacía más y más intenso. Podía sentir y percibir el terrible calor y la fuerza que aumentaba dentro de ellas.

El hedor de algo animal también aumentaba. Un gruñido bajo, impaciente y estremecedor retumbó al otro lado de la puerta. Luego un golpe seco hizo temblar la puerta y se oyó un arañazo largo y horripilante al bajar las grandes garras por la madera abriéndole surcos profundos.

La respiración del animal era áspera, urgente, con ansia de sangre.

Lleno de terror, Chris reunió todas sus fuerzas y su voluntad dentro de su cuerpo.

—Voltéate —se ordenó a sí mismo—. Voltéate.

El pánico le dio fuerza y, en medio del dolor, se lanzó sobre su hombro derecho. Ahora veía mejor. Las calderas se estremecían como locas, el calor rojo se volvía blanco. Las llamas comenzaban a lamer sus bases, proyectando grandes sombras hacia afuera, en un ballet demente, grotesco, sobre las paredes.

Permanecía allí tendido, boqueando sin fuerzas, su mente gritando de terror en medio de toda esa locura.

A través del miedo y el dolor que lo enceguecían le pareció escuchar una voz débil que lo llamaba desde muy, muy lejos.

—Chris. Chris, muchacho. Sal de ahí ya. Salte de ahí.

Era una voz que él conocía muy bien. Era la voz de Henry. ¿Pero en dónde estaba Henry? ¿Por qué no estaba allí, ayudándole? Hace un momento estaba allí.

—Sal de ahí. Ve hacia la puerta. ¡Sal de ahí!

Con lentitud angustiosa alargó los brazos y con un empujón se volteó hasta quedar acostado sobre el estómago. El dolor que provenía de su cabeza le atravesó los ojos pero el temor le dio una fuerza sobrehumana. Apoyándose firmemente con las palmas de las manos sobre el piso trató de erguirse hasta quedar de rodillas. Luego, con lentitud desesperante, comenzó a encaminarse, pulgada a pulgada, hacia la puerta.

—Muy bien —exclamó la voz a mil millas de distancia—. Muy bien, muchacho. Ahora vete. Vete. ¡Sal de ahí!

Las calderas estaban ya tostándose, los blancos tubos de metal ardiente despedían un calor que lo abrasaba a medida que se arrastraba. Comenzaron a desprenderse de ellos chorreones de metal derretido y cada gota estallaba contra el piso en una lluvia de chispas. El cuarto parecía saltar y sacudirse estrepitosamente a su alrededor, y el piso corcovear debajo de sus rodillas.

—Abre la puerta —exclamó Henry—. Ábrela. Rápido. Ya va a estrellar.

Chris alargó el brazo y puso la mano en la cerradura. El calor de la habitación era ya insoportable y su ropa comenzaba a arder. En cualquier momento se llegaría al punto de inflamación y el cuarto y él estallarían en llamas.

El cerrojo hizo "clic" bajo la presión de su mano.

Inmediatamente el enorme grito de un rugido de triunfo congeló el corazón de Chris. Un rugido tan terrible, tan primordialmente salvaje, que le penetró hasta el alma. El rugido de un cazador a punto de capturar su presa.

Estaba atrapado. Completa e irreversiblemente atrapado.

Atrapado entre el fuego del infierno a sus espaldas y el diablo al otro lado de la puerta.

Vaciló. Pero por sólo una fracción de segundo. No tenía otra alternativa. Este cuarto sería la muerte segura, ardiente, angustiosa.

Tenía que aventurarse hacia lo que estaba al otro lado de la puerta.

Con las dos manos apoyadas en el cerrojo se puso en pie penosamente y se sostuvo mientras reunía fuerzas para echar abajo la puerta.

—No hay peligro.

La voz gritaba con urgencia por encima del estruendo terrible que estremecía la habitación.

—Confía en mí. No temas. Vete. ¡Vete de ahí!

Y abrió la puerta de par en par y se lanzó a la noche. Gateando de prisa, con las manos y rodillas raspadas y sangrantes, la respiración entrecortada y gimiendo de miedo, se alejó rápidamente del cuarto y su fuego devorador.

Mientras se alejaba arrastrándose, exploraba ansioso el paisaje nocturno.

¿Dónde estaba aquéllo? ¿Dónde estaba lo que él había sentido junto a la puerta?

Ahora se vio a sí mismo en otra pesadilla.

Un lugar misterioso, extraño. Silencioso y bañado por la luz de la luna. Árboles torturados, retorcidos, espantosamente negros contra el cielo. Unas formas abultadas y os-

curas se movían por entre los árboles entrando y saliendo, y unos ojos rojos brillaban maliciosos en la lejana oscuridad.

Un gemido de horror se le escapó al retirar la mirada de los árboles. Allí, sobre esta llanura horrible, de un blanco óseo bajo los fríos rayos de la luna, se levantaba un enorme cráneo humano.

El cuerpo de Chris comenzó a estremecerse de terror.

—¡No! —gritó—. Usted no es de verdad. Nada de esto es real.

Cerró los ojos para que la visión desapareciera.

—Despierta —se dijo a sí mismo—. Despierta. Cuando abras los ojos todo esto habrá desaparecido.

Miró nuevamente, y de nuevo gimió del terror.

El cráneo todavía estaba allí.

Todavía allí, se levantaba hasta una altura de cien pies en la oscuridad de la llanura, un gran cráneo humano.

Lo imposible, lo impensable, estaba todavía allí.

Y peor... Adentro, adentro de las cavernas negras de las cuencas de los ojos...

Algo se movía.

Chris abrió la boca y lanzó un largo, desgarrador y desesperado grito de terror, antes de que la misericordiosa naturaleza le tendiera una mano en su agonía y cayó, desmayado, boca abajo, al suelo.

Su grito fue ahogado por otro ruido. Desde lo alto del kopje, muy adentro en una cueva entre las rocas, un par de viejos y astutos ojos amarillos miraban la escena.

Miraban allá abajo a la criatura humana que, gateando como un animal, se arrastraba adolorida buscando salir del fuego al claro, y las llamas del fuselaje incendiado brillaban rojas como mil ojos en tanto que la manada de hienas daba vueltas con gran animación por los contornos exteriores de la luz.

Y mirando desde la negrura de la noche en el kopje, el león abrió su boca y otra vez lanzó un solo rugido, territorial, estrepitoso y tronador, que se repitió en la infinita noche de Serengeti para morir en ecos que rebotaban del kopje a la llanura y de nuevo al kopje.

A 30 millas de distancia, sentado con un vaso en la mano, en el jardín del Seronera Lodge, Mike Taylor aguzó el oído.

—¿Oyó eso? —dijo.

—¿Qué cosa? —preguntó el turista estadounidense.

—León. Muy, muy lejos. Apenas pude captar el sonido por un segundo en el viento.

—Ah —dijo el turista—. He estado mirando ese resplandor en el cielo allá lejos.

—¿Qué podrá ser?

—Fuego maasai, probablemente. Habrán acampado por allá con su ganado. Nada que nos interese.

Y los dos se quedaron allí sentados, a salvo, felices y contentos, en la gran paz de la noche africana y su silencio aterciopelado.

CAPÍTULO VIII

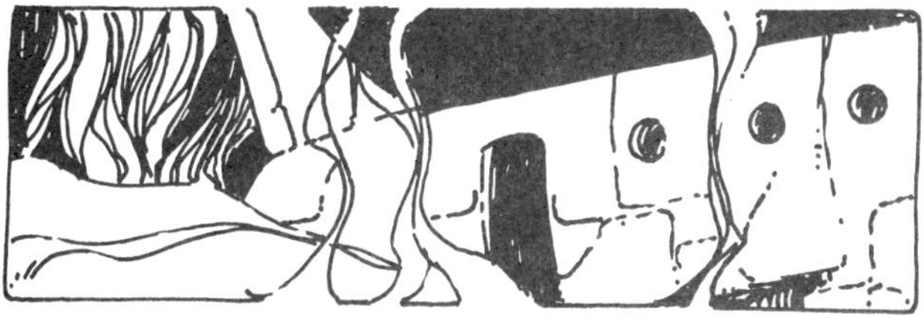

El amanecer reveló una escena terrible.

El fuego se había apagado, pero un humo espeso, punzante y un hedor repugnante a metal, caucho y aceite quemados todavía brotaban de las partes del avión destrozado, como filamentos colgando de una gris ruina fantasmal suspendida en el aire inmóvil. La luz pálida de la aurora se filtraba oblicua por entre el humo, y sus rayos pasaban por momentos por un lado y otro como dedos de vampiro, escudriñando y examinando los escombros esparcidos alrededor de la parte baja del kopje.

Padre e hijo estaban acurrucados contra una piedra, agarrados el uno al otro, aturdidos, atemorizados y lastimados, pero milagrosamente vivos.

A unos 50 metros de distancia estaba el avión.

Había caído sobre el costado; el ala de babor se levantaba en posición vertical señalando al cielo, como una vela rota tiznada por el humo sobre un bote calcinado, encallado.

En la fracción de segundo antes de que el avión se chocara contra la nube de chillidos de pájaros, el piloto instintivamente inclinó el aparato para retirarse. Entonces el vidrio se llenó de oscuridad y la cabina estalló hacia adentro en un remolino de vidrios rotos, sangre, huesos y plumas, al estrellarse contra uno de los buitres grandes y pesados. Antes de perder completamente el conocimiento trató de enderezar el avión. Demasiado tarde. Cuando iba cayendo, el ala de estribor tropezó con el tronco gastado de un viejo baobab y se desprendió del fuselaje de un tirón. Clavado en el tronco del árbol, el metal rasgado y retorcido lanzaba un brillo opaco en la luz de la madrugada, como un cuchillo despedazado en una herida abierta.

Sin embargo, esto fue lo que los libró de la muerte. Al tropezar el ala contra el árbol, el avión dio un viraje de 180 grados y cayó de barriga al suelo, la cola primero, abriendo una zanja de cien metros de largo entre el árbol y el kopje. En un extremo de la zanja quedó el fuselaje. En el otro, medio enterrado, quedó el motor, con las aspas dobladas en forma salvaje hacia afuera. Con el impacto, la hélice que giraba velozmente se enterró en el suelo, el motor que todavía gritaba se soltó de sus herrajes y se desprendió violentamente del avión junto con el cono de la nariz.

Si hubiera ocurrido de otra manera, si el avión hubieran caído sobre la nariz, entonces ese mismo motor con su hélice asesina habría caído hacia adentro, penetrando la cabina del piloto y la de los pasajeros, y habría despedazado todo lo que encontrara en su camino, como una enorme hoz enloquecida.

Hubo otro golpe de suerte. Los tanques de combustible ubicados en el ala de babor estaban casi vacíos. Los del ala de estribor estaban llenos. Cuando el avión finalmente paró sobre un costado, con el ala levantada verticalmente sobre el fuselaje, sólo habían quedado unos 50 litros de combustible que podían filtrarse y gotear lentamente hacia la cabina y hacia sus inconscientes ocupantes. Si hubiera sido el ala de estribor, mil litros de combustible de aviaciónhabrían llovido sobre ellos. El incendio habría traído consecuencias bien diferentes en ese caso.

En realidad el fuego no comenzó inmediatamente. Algunas horas después del estrellón, quejándose y a punto de quedar inconsciente, el piloto había tirado el brazo hacia su izquierda para tratar de conectar con tierra, contra un pedazo expuesto de armazón, varios cables pelados. Las chispas que saltaron de allí habían prendido el combustible, pero como éste no era mucho, el fuego se esparció lentamente.

El grito de terror de Chris penetró la oscuridad de la inconsciencia de su padre, y el señor Harris, casi agonizante y arrastrando una pierna torcida, fracturada debajo de la rodilla, recogió al niño y lo arrastró penosamente, pulgada a pulgada, hasta la piedra donde estaban sentados.

El desmayo de Chris se había convertido naturalmente en un sueño protector, en el que su mente atormentada se cerró para dar tregua a los horrores que sucedían a su alrededor, para darle tiempo a la mente y al cuerpo de adaptarse al trauma.

El amanecer lo despertó y, recostado tranquilo en los brazos de su padre, pudo racionalizar la espantosa pesadilla, aunque la realidad no era menos horrible que el confuso sueño.

La enorme calavera de su pesadilla estaba todavía allí, aunque la luz de la aurora la había revelado tal como era, había suavizado las cavidades y las líneas de su perfil, descubriendo un pequeño promontorio de rocas y salientes cubiertas de pasto. Pero todavía inspiraba temor. ¿Se había movido algo allí durante la noche, en la parte alta de la cara, o todo había sido producto de los temores de la imaginación?

Sus ojos examinaron las rocas y los nichos ansiosamente. Todo estaba quieto y silencioso.

Mirando el avión ennegrecido sintió que temblaba de temor nuevamente, a medida que la realidad llegaba a él en grandes oleadas.

Comprendió cómo había escapado. Su aturdido cerebro había funcionado en el momento límite para salvarlo de una muerte terrible en medio del fuego. Había obligado a su mente herida y sobresaltada a sacar su cuerpo y alejarlo del peligro. El cuarto de las calderas, la voz de Henry que flotaba hacia él a través del tiempo y el espacio, todos los elementos confusos de su pesadilla, que revoloteaban como piezas de rompecabezas lanzadas al aire por una mano inmensa, cayeron y encajaron en su lugar.

Salvo uno.

Las pisadas sordas de unas enormes patas, lentas y decididas, todavía resonaban como un golpe apagado de tambor en sus oídos. Todavía se le revolvía el estómago cuando percibía el fuerte hedor del aliento animal, el aliento de sangre, el olor de sangre, que cubrían el aire de este terrible y salvaje lugar.

Y el gruñido, el enorme y primitivo gruñido de triunfo, todavía reverberaba en su mente.

Al rompecabezas le faltaba una pieza.

Esa pieza estaba allá afuera, esperando en silencio para colocarse en su sitio.

Chris se movió en los brazos de su padre.

—¿Papá?

Los brazos lo apretaron, reconfortándolo.

—Todo está bien, niño. Todo está bien. Estamos vivos.

Su voz era débil por el dolor. Chris elevó su mirada al rostro de su padre. Estaba pálido. Alrededor de sus ojos había unos círculos negros.

—¿Estás muy herido, papá? —preguntó.

—No mucho. Aunque parece que tengo una pierna partida. Cuando hayas recuperado las fuerzas quiero que mires qué tan grave es la herida.

Chris vaciló, pues no tenía deseos de abandonar la seguridad de los fuertes y familiares brazos. Se quedó quieto un momento, recorriendo con la vista la horrible escena.

—Vamos —se dijo—. Vamos. Tienes que afrontar todo esto. Levántate —y respirando profundamente, abandonó la protección del capullo y se sentó.

Un dolor agudo y muy profundo lo traspasó por detrás del ojo izquierdo, y por un momento tambaleó al sentir mareo.

—Quieto, niño. Tienes una cortada grande.

Chris exploró su frente. Tenía una cortada larga que iba desde la sien, pasando por encima del ojo, hasta la cabeza. Sentía el cabello tieso y enredado por la sangre. La incisión le había pasado a pocos milímetros del ojo.

Siguió explorando, por toda la cabeza y el cuello, bajó por las costillas, las caderas y las piernas. No parecía que hubiera nada roto, a pesar de que tenía las rodillas y las manos cortadas, adoloridas y sangrantes.

—Bien, voy a tratar de pararme —dijo, y, muy despacio, con mucho cuidado, se levantó y se puso de pie.

De nuevo sintió que se desvanecía, pero fue sólo un momento.

Vacilando, dio unos cuantos pasos hacia adelante, colocando cada pie con cautela, como un inválido que está aprendiendo a caminar nuevamente. Luego hizo un gesto de debilidad y volvió donde su padre.

—Parece que todo funciona. Ahora miremos esa pierna.

La pierna efectivamente estaba rota. El señor Harris lanzó un gemido de agonía cuando Chris de un tirón le subió el pantalón. Terriblemente hinchada y de un morado lívido, la visión de la pierna le causó angustia a Chris; sintió debilidad ante el dolor de su padre, pero al mirarla pensó que el daño hubiera podido ser peor. El hueso no se había salido de la piel, lo cual había evitado que sangrara mucho y hacía menor el riesgo de infección.

—No está tan mal —le dijo a su padre tratando de tranquilizarlo—, aunque tendremos que hacerle algo. Yo sé cómo entablillar fracturas, si encuentro vendajes y otras cosas. Tiene que haber un botiquín de urgencia en el avión. El piloto debe saber dónde está... —se alejó.

El piloto.

—Papá... el piloto, ¿dónde está?

Volvió la cabeza y miró a lo lejos, protegiéndose con la mano los ojos del sol brillante de la mañana.

Lentamente dirigió la vista de izquierda a derecha para examinar el claro, pasando por la pila de cajas y papeles que se habían dispersado con el impacto, por la rueda solitaria que había sido arrancada, por su tren de aterrizaje enterrado muy hondo en el suelo. El piloto no se veía por ninguna parte. La vista de Chris se detuvo en la destrucción negra del fuselaje.

Sintió un frío por dentro. Quizás el piloto no había sido tan afortunado como ellos. Quizás había perecido en ese horno.

Quizás estaba todavía...

Chris emitió un sonido de terror, luego detuvo el pensamiento que se le vino a la mente. Era demasiado horrible.

Su padre siguió la mirada de Chris y leyó su mente.

—Oh, no —susurró—. Todavía está allí.

—Voy a mirar —dijo Chris, con calma.

—No lo hagas —le rogó su padre—. Mira por todas partes en el claro, pero no entres en el avión. Si está adentro no podemos hacer nada por él. Nada pudo haber sobrevivido allí.

—Debo hacerlo, papá. Tengo que ver si aún está vivo. Puede necesitar ayuda.

Si había algo dentro de ese fuselaje, tenía que enfrentarlo. Tenía que averiguar, tenía que quedar satisfecho de haber hecho lo necesario, a cualquier precio.

Con el corazón lleno de terror se fue caminando despacio hacia el avión, temiendo lo que podría encontrar.

Se detuvo al llegar a la cola, luego caminó despacio hasta la cabina del piloto, que ahora era un hueco negro abierto como un bostezo, y que miraba a lo lejos como la cuenca despedazada de un ojo.

Vaciló cuando estuvo cerca de la parte delantera del avión. Qué tal que el piloto estuviera allí en su asiento, una efigie frágil carbonizada, mirando con los ojos derretidos la destrucción.

Chris se estremeció. Luego, reuniendo sus fuerzas, dio la vuelta rápidamente y se detuvo frente a la cabina.

Nada.

Suspiró con un gran alivio. El avión estaba vacio. Ennegrecido por el humo, chamuscado, el tapizado de los asientos desprendido, con un olor inmundo, retorcido, encorvado y deforme, no había dentro de él, misericordiosamente, ningún horror humano.

Agradecido, Chris dio la vuelta y examinó el suelo detrás del avión. A unos 30 metros de distancia, recostado contra el tronco de un árbol pequeño, se encontraba el piloto.

Chris podía ver, aun desde esa distancia, que estaba gravemente herido. Yacía en una posición grotesca, con el cuerpo doblado, los brazos y las piernas formando ángulos violentos e inquietantes, la cabeza agachada sobre el pecho, y la camisa manchada aterradoramente de sangre.

Chris se fue caminando hacia él, despacio y con temor, y se arrodilló a su lado. Todavía respiraba, pero no muy profundamente , y emitiendo un sonido áspero y golpeado. Le brotaba sangre por los dos extremos de la boca.

El niño le tomó la cabeza con cuidado entre las manos y la levantó, apoyándola contra el árbol. El hombre se quejó en voz baja, pero su respiración áspera se calmó al apartarse de la garganta el peso de su cabeza. Tenía el rostro lacerado y cortado y los labios azulosos bajo la sangre brillante que manaba lentamente.

Con la mayor suavidad posible Chris comenzó a desabrochar la camisa del hombre herido. Le temblaban los dedos ante lo que se empezó a revelar allí. El pecho había sufrido un fuerte golpe en un costado. Era obvio que el hombre estaba gravemente herido.

Chris se levantó rápidamente y se retiró. Sintió náuseas y tuvo que apoyarse contra un árbol un momento para controlarlas.

El pánico también aumentaba.

Sus ojos se llenaron de lágrimas y por un momento largo, largo, se quedó ahí parado, respirando con dificultad, hasta que el pánico cedió. La situación era desesperada.

Se dirigió con paso lento hacia la tumba del avión, se sentó casi dejándose caer y miró a su padre.

—Lo encontré. Está muy mal. Tiene el pecho aplastado y está sangrando por la boca. Sangre con espuma.

—Suena a pulmón perforado. No debemos moverlo si ése es el caso, puede ser fatal.

Cambió un poco de posición contra la roca y súbitamente dio un grito de dolor en el momento en que desplazó la pierna quebrada.

De nuevo a Chris se le inundaron los ojos de lágrimas.

—Papá, ¿qué vamos a hacer? No hay esperanza. Estoy sólo yo, y no sé que hacer.

—Aguanta, Chris —dijo su padre—. No te des por vencido. Si te das por vencido estamos perdidos. Yo sé que es terrible, pero ocurrió y tenemos que enfrentarlo. Respira profundamente y hagamos inventario. Tal vez las cosas no están tan mal como parecen.

Una vez más Chris luchó contra el temor y la desesperación.

—Está bien —dijo—, aunque no veo cómo las cosas podrían estar peores.

—Entonces —dijo el señor Harris—, a hacer inventario.

—Bueno.

—¿Qué hora es? Perdí mi reloj.

—No sé. El mío está roto y el del piloto también. El suyo se paró a las cinco.

—Pues la madrugada fue hace más o menos media hora, entonces serán las siete o algo así. La gente en Musoma sabe que debíamos llegar allá anoche y debe estar organizando un grupo de rescate. ¿Sí?

—Sí —respondió Chris—, pero Serengeti es un lugar muy grande y nadie sabrá dónde estamos.

—Cierto. Pero sabrán aproximadamente qué ruta tomó el piloto y buscarán a lo largo de esa línea primero.

—Está bien —dijo Chris, alegrándose un poco—. Sólo que...

Vaciló, pues no quería opacar la alentadora idea del rescate.

—¿Qué dices?

—Salvo que el piloto no voló en línea recta. Nos llevó hasta el lago Manyara y al cráter.

El señor Harris pensó un momento.

—Pues bien, eso hace que sea más difícil encontrarnos. Posiblemente no lleguen hoy. ¿Y eso a dónde nos conduce?

—Si tenemos que sobrevivir dos o tres días antes de que nos encuentren, necesitaremos comida —dijo Chris— y agua.

—Y sombra —agregó su padre—. Dentro de poco el sol se va a poner muy, pero muy caliente.

—Había algo de comer en mi maleta —dijo Chris—. Chocolate, algo de fruta que compré a la salida del hotel mientras tú dormías. Suficiente como para no morirnos de hambre por unos días. Agua, no sé. Tal vez había un poco en el avión. O quizás pueda encontrar un poco si busco por ahí. Abrigo... bueno, puedo construir algo. Hay todo eso que se regó al estrellarse el avión. Cajas y cosas.

—Si puedes encontrar nuestras maletas, si

no se quemaron, allí hay unas sábanas. Puedes construir una tienda de campaña contra esta roca. Cualquier cosa que nos proteja del sol.

—Sí —dijo Chris, visiblemente reanimado.

Su padre tenía razón, como siempre. Las cosas habrían podido ser peores. Chris sintió que asumía el reto. Quizás había una posibilidad.

—Vamos a ver qué encontramos.

Una vez más se puso de pie y dejó que sus ojos recorrieran la ruina, pero esta vez con una mirada más escrutadora. Los escombros ya no eran harapos y restos inservibles de una catástrofe. Cada pieza tenía que ser evaluada, así pareciera inútil, para buscarle alguna utilidad. El fuselaje quemado no serviría de mucho, pero siguiendo con los ojos la zanja desde el fuselaje hasta el motor pudo ver unas manchas dispersas de color, los restos del contenido del avión que habían caído en forma desordenada y estaban allí a la espera. Cerca del motor le pareció ver el azul de las valijas y la perspectiva lo alegró inmensamente.

—Si puedo encontrar las sábanas tendremos abrigo y vendajes. Puedo hacerte algo en la pierna. Quizás encuentre la caja de primeros auxilios por allá. Ten fe, papá, tenemos suerte.

Y sonrió por primera vez desde el accidente.

Entonces Chris se fue hasta el otro lado del avión y comenzó a caminar lentamente a lo largo de la zanja, deteniendo la mirada en cada pieza, trozos de madera, pedazos de trapo o de metal. Hacía un comentario a medida que encontraba una cosa, avisándole a su padre de cada hallazgo. Luego colocaba cada objeto de valor en la mitad de la zanja para encontrarlo a su regreso. Pedacitos de tela para vendajes o protegerse la cara del sol; un poco de alambre delgado para amarrar cosas; un puntal pesado con una punta aguda y dentada donde se había desprendido del tren de aterrizaje, para cavar o usarlo como arma; botellas de plástico vacías para agua, si encontraba un poco, y otras cosas. Se fue hasta donde estaba el motor al pie del gran baobab, con su ala brillante incrustada en la parte alta del tronco; hasta el final de la zanja seleccionando, decidiendo, acumulando un arsenal de armas para defenderse contra este golpe que el destino les había asestado. Un arsenal para una guerra contra el África.

El sector alrededor del motor tenía la mayor concentración de escombros y allí estaba lo que le sería más útil. Sus valijas, como él había pensado, estaban allí, abiertas, el contenido esparcido, pero en perfecto estado: camisas, zapatos, pantalones cortos, las valiosas sábanas para hacer sombra, todo disperso, pero intacto.

Chris comenzó a reunir las cosas. De repente se llenó de tristeza al recordar la emoción tan agradable que habían sentido cuando, sólo pocas horas antes, habían empacado todas estas cosas con el corazón latiendo con fuerza por la aventura que los esperaba.

Y ahora….

Sus vidas habían sido lanzadas abismo abajo tan desconsideradamente, con un salvajismo tan insensato, como estos pobres restos de la vida pasada que él estaba recogiendo con tanto desconsuelo. Si tan solo sus vidas pudieran rehacerse con la facilidad con que se mete ropa de nuevo en una valija.

Empujó las últimas cosas y cerró la maleta. Se puso en pie, la levantó y llamó a su padre al tiempo que se volteaba para dirigirse a él, que estaba fuera del alcance de la vista, detrás de la forma oscura del avión.

—Papá, encontré las...

Su voz se convirtió en un susurro ahogado y ronco en su garganta. Una ola profunda de sobresalto estremeció todo su cuerpo. Su cuero cabelludo se puso rígido, y el cabello se le erizó. Por la piel se le paseaba un temor frío y las piernas se le doblaban.

Allá, en línea al otro lado de la zanja, entre él y el avión, entre él y su padre, entre él y cualquier posibilidad de escape o protección, se reveló un cuadro pavoroso.

Tres leonas adultas echadas allí lo miraban.

Inmóviles, salvo las grandes colas que batían de un lado a otro sobre el pasto, lo examinaban con ojos dorados, arrogantes, casi aburridos.

A sus pies en posición de acecho, de caza, moviendo las colas y gruñendo como gatitos con las bocas abiertas, estaban agazapados los cachorros.

Pero a poca distancia de ellos, más allá de la zanja, la mirada de Chris fue atraída terrible, inevitable y fatalmente por la verdadera amenaza.

De un lado a otro de un arco invisible se paseaba un inmenso macho joven de negra melena. Majestuoso y temible, sacudiendo la enorme cabeza y gruñendo de impaciencia, golpeaba con sus grandes patas la arena suave, blanda, con un ritmo lento y estremecedor de tambor.

El niño lo reconoció inmediatamente.

La terrible fiereza y ansia de sus ojos eran casi una fuerza tangible que se extendía por todo el espacio entre el león y el niño.

Una vez más el olor a sangre cubrió el claro.

Ésta era la pesadilla.

Era él.

CAPÍTULO IX

El león viejo abrió los ojos lentamente. La luz de la mañana penetraba hasta el fondo de la cavidad de la roca donde estaba echado. Aún no hacía calor allí dentro y el frío de la noche le entumía los huesos. Se estiró, con un poco de dificultad, y gruñó al sentir la protesta de sus coyunturas que empezaban a envejecer.

Se quedó quieto un momento, sobre el costado, escuchando los sonidos de la mañana.

Por allí abajo los cachorros jugaban. Podía oír cómo imitaban los gruñidos de la cacería y los gruñidos de aprobación de las leonas. Estaban aprendiendo a cazar solos. Ya las leonas les habían enseñado lo suficiente para que pudieran sobrevivir. Eran casi adultos, y en su fuero interno los instintos del viejo león lo intranquilizaban.

Los dos cachorros eran machos y pronto, muy pronto, tendría que sacarlos brusca y definitivamente de la manada, para que tomaran sus lugares preestablecidos en la frágil telaraña de la vida de Serengeti.

Vagando por grandes distancias aprenderían la ley del África. Sobrevive el ágil y el fuerte.

Al león viejo le estaban fallando ahora la fuerza y la rapidez. En lo más hondo de su corazón sabía que el tiempo lo había vencido. Ya no podía cazar con la misma eficiencia y dependía de las leonas más jóvenes para derribar a la veloz gacela y a los ñus. Las tan odiadas manadas de hienas lo asustaban y se cuidaba de no alejarse mucho del kopje y de su territorio. En este momento necesitaba tener cerca la fuerza de los demás.

Los constantes enfrentamientos con el joven extraño por el control de la manada lo habían debilitado y sentía que estaba perdiendo. Poco a poco, casi imperceptiblemente, la manada se estaba alejando de él.

Se acercaba la hora en que a él también lo obligarían a irse, como a los cachorros. Pero para él, que se hallaba en el otro extremo de la vida, el destino sería muy diferente del de ellos.

Bostezó profundamente.

La noche había transcurrido intranquila. El enorme ruido que había tronado en medio de la tarde silenciosa y somnolienta de la llanura los había conmovido y atemorizado a él y a su manada. Se habían dispersado en busca de los acostumbrados escondites, a esperar allí, ansiosos y cautelosos, las orejas atentas a cualquier ruido humano.

Durante las horas siguientes, mientras llegaba la noche, había montado guardia, como un centinela solitario en la cima del kopje, y se quedó vigilando esa cosa extraña que había caído tan cataclísmicamente en su dominio, en su territorio. Observó mientras el intruso, inquisitivo, anduvo por el claro y dio una vuelta alrededor de la enorme cosa, murmurando y gruñendo. Observó mientras las primeras llamas diminutas prendieron y crecieron y crecieron hasta que la cosa brilló a todo lo largo y lanzó destellos hacia el cielo. Observó mientras las criaturas humanas heridas se deslizaban como serpientes o gateaban como hienas baldadas.

Luego, satisfecho de que estas doloridas y lentas criaturas no representaban ningún peligro, se durmió. Un sueño intranquilo, ansioso.

Ahora los ruidos allá abajo habían cambiado. Los gruñidos suaves y juguetones de los cachorros eran ahogados por el gruñido más urgente y más áspero del forastero. Estaba cerca. Demasiado cerca.

El león viejo se sacudió; la ira comenzaba a surgir dentro de él. Se levantó silencioso y se dirigió lentamente hacia la abertura en la roca. Allí, a sus pies, se encontraba la manada, su manada. Y con ellos, en su lugar, paseándose con arrogancia, indiferente, en el claro, estaba el odiado joven pretendiente.

Un rayo de furia le atravesó los ojos. Éste era el desafío más audaz que jamás había visto y respondió con un gran bramido de ira, un largo y ondulante velo de sonido que rodó de roca en roca por el Kopje y llegó al claro.

La cabeza de Chris se echó hacia atrás al sentir el ruido. Estaba de rodillas en el suelo arenoso, y desde allí examinó con la mirada la cara de las rocas.

Los últimos diez minutos habían sido los más aterradores y a la vez los más asombrosos de su vida.

Quedó literalmente paralizado de terror al

congelarse en su garganta la llamada inconclusa a su padre. La voz ansiosa de su padre, que flotó por el aire desde una distancia de mil millas, pasó desapercibida. No habría podido mover ni un músculo de su cuerpo. Si la quietud era la manera que tenía la naturaleza de engañar a los depredadores, Chris podía dar fe de que no funcionaba. No había engañado a los leones.

Por unos momentos hubo poco movimiento en la manada, a excepción de las colas, que se sacudían constantemente. Las leonas habían permanecido sentadas o echadas, mirando a lo lejos de vez en cuando en una forma casi aburrida, emitiendo de vez en cuando un gruñido en voz baja. Los cachorros, echados al pie de ellas, mantenían un constante ruido de fondo con gruñidos levemente amenazadores.

Sólo el macho mayor se había movido, constantemente y con malevolencia, a poca distancia de allí.

Chris comenzó a sentir que si permanecía inmóvil, el grupo eventualmente se levantaría y se retiraría.

Se equivocó.

De repente una de las leonas se paró y, mirando directamente a los ojos de Chris, agachó la cabeza y los hombros y se lanzó con violencia hacia él. Incapaz hasta de ordenarles a sus ojos que se cerraran, Chris tuvo que mirar con terror el gran cuerpo flexible que venía hacia él, con la boca abierta, roja, mostrando los feroces dientes amarillos.

Hasta su voz se paralizó, según se dio cuenta: el grito sólo existió en su mente.

Luego, en una forma increíble, el momento pasó. En el último segundo la leona cambió de rumbo, tan cerca de él que sintió el áspero pelo en su mano cuando ella pasó. Entonces, terminada la embestida, dio la vuelta en torno a él, lentamente, con paso suave y con la cabeza en alto, y regresó a su lugar detrás de los cachorros. Se echó, perezosa, sobre el suelo, y miró a lo lejos por encima de la llanura con real indiferencia.

Casi inmediatamente uno de los cachorros se levantó. Copiando exactamente los movimientos de la leona, bajó la cabeza casi hasta el piso y se fue hacia Chris con un paso largo y quedó, gruñendo mientras avanzaba. De nuevo, en el último segundo cambió de rumbo, pero no siendo tan experto como los adultos, se estrelló pesadamente contra las piernas de Chris. Él se tambaleó por el impacto, pero se congeló otra vez involuntariamente al recobrar el equilibrio.

En el mismo instante el otro cachorro se vino hacia él, cambió de rumbo y se fue. Se unió al primer cachorro y juntos se encaminaron pavoneándose orgullosos hacia sus lugares.

De nuevo el escenario estaba preparado. Los actores de este drama pavoroso y salvaje habían vuelto a sus posiciones iniciales y estaban esperando que comenzara la segunda escena.

A excepción, observó Chris, de uno.

El macho grande estaba más cerca, y aún se paseaba inquieto de un lado a otro, el odio feroz y el ansia de sangre en los ojos.

Otra leona se levantó. Otra vez el ataque ficticio. Otra vez el giro en el último segundo. Sólo que ahora al pasar sacó una gran pata y la sacudió frente a él con indiferencia, dejándolo anonadado y sin aliento.

Antes de que tuviera tiempo de recuperar sus sentidos, los cachorros se vinieron hacia él otra vez. Al pasar, las patas suaves lo golpearon en las piernas. Patas de gato pequeño, con las uñas afiladas, escondidas. Una vez más pasaron de largo, pavoneándose, felicitándose uno a otro con gruñidos suaves, y regresaron a sus sitios.

Las leonas ronronearon su aprobación maternal.

De nuevo inmóvil, Chris sintió que algo extraño y maravilloso le estaba ocurriendo. El enorme temor que le aturdía la mente estaba disminuyendo y a medida que se daba cuenta de lo que estaba sucediendo una ira fría, calculadora, comenzó a tomar fuerza en su interior.

Estos leones estaban jugando con él.

Él era la carnada en una lección de cacería. Por eso su presencia era tan importante allí. Algo que se podía golpear y tocar, intimidar y atemorizar, humillar y exterminar. Una hormiga que se aplasta con el pie.

Pues bien, él no iba a morir lloriqueando y chillando como un ratón golpeado a muerte por un gato. Lucharía. Enfrentaría el salvajismo con salvajismo.

¡Sobrevivir!

De repente sintió que se podía mover de nuevo.

Con desesperación sus ojos examinaron la zanja. Exactamente donde él la había dejado, más o menos en el punto medio entre la manada y él mismo, se encontraba la pieza pesada y puntiaguda del tren de aterrizaje que había destinado como arma.

—Muy bien —dijo—, si van a jugar a la muerte conmigo, al menos yo me llevo a uno de ustedes.

Ahora con una furia helada, miró directamente a la manada. El salvaje que todos llevamos por dentro comenzó a surgir.

Sin darse tiempo para pensar, empezó a correr a toda velocidad en línea recta hacia la manada. Y mientras corría lanzó un grito fuerte de batalla, un grito desde lo más profundo de su ser, el grito que han lanzado millones de criaturas desesperadas y asediadas desde tiempos inmemoriales.

El resultado fue electrizante.

La embestida fue tan repentina, tan inesperada, que las leonas y los cachorros se asustaron y asombraron terriblemente. Se levantaron de un salto y retrocedieron, gruñendo en medio de la confusión.

Hasta el macho grande dejó de pasearse y se quedó quieto, sin saber qué hacer.

Este breve cambio de atacante y atacado le dio a Chris el tiempo que necesitaba para recoger la barra de metal. Dio unos pasos de rodillas junto a la barra y rápidamente la tomó en las manos, blandiendo la horrible punta rota hacia la manada, que daba vueltas con inquietud.

Por un momento quedaron impresionados, se paseaban ansiosos de un lado a otro.

Pero esto no duró mucho.

Los movimientos inseguros y de desasosiego poco a poco fueron formando una figura a medida que las leonas comenzaron a colocarse en las posiciones que llevaban grabadas en la memoria. Una se quedó en el centro de la zanja, las otras dos se dirigieron hacia los lados. El gran macho, que ahora se encontraba a la derecha de Chris, dibujó un arco largo, lento, hasta quedar detrás de él. Los cachorros gruñían emocionados y pasaban por entre las patas de las leonas, antes de tomar rumbos propios.

El ambiente cambió.

Los ojos cambiaron.

Ya no se trataba de un juego. Éstas eran las maniobras seguras y firmes de la muerte.

El aire estaba cargado de muerte. En el dorado líquido de los ojos, en el rojo húmedo de saliva de las mandíbulas abiertas, en el movimiento ondulante y sedoso de los músculos flexibles, en el tum, tum, tum de la marcha de muerte que marcaban las pesadas patas.

Chris sabía que éste era el final. Pero la furia calmada no cambiaba. Estaba decidido a no dejarse sorprender por la muerte temblando y gimiendo.

Lentamente les volvió la espalda a las leonas que venían hacia él.

El gran macho de su pesadilla había terminado su arco y parado allí, quieto, miraba al niño.

Los ojos del niño y los ojos del león se encontraron, penetrándose unos a otros.

—Bueno, adelante —susurró Chris—. Tú. Eres mío

Apoyó el arma contra el suelo.

Y el león comenzó a moverse.

Erguido, la cabeza en alto, desdeñosamente lento... el león comenzó a moverse.

El círculo estaba completo.

Desde los seis puntos, la muerte, ligera y dorada, se contraía implacable en torno a la pequeña y desesperanzada mancha del centro, cuando de repente desde la cima del kopje surgió un enorme bramido de furia, un largo velo ondulante de sonido que rodó de roca en roca por el kopje y salió al claro.

CAPÍTULO X

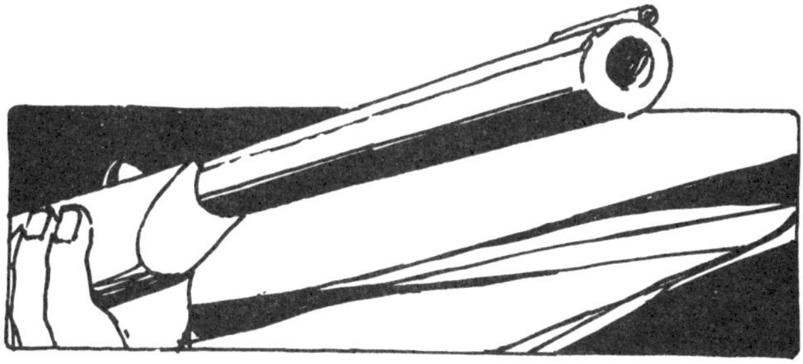

No se necesitaba mucho para hacer de Mike Taylor un hombre feliz. El paraíso, para él, era rodar lentamente con el motor en cuarta velocidad, el calor martillando sobre el techo de la cabina de un Land-Rover cuyo motor cantaba suavemente.

Y ahora estaba contento, atisbando por el parabrisas empolvado, tratando de seguir el camino cubierto de hierba y casi invisible por entre los matorrales.

Diez millas más atrás se habían desviado de la larga cinta roja que era la carretera sin pavimentar que serpentea por todo Serengeti hasta la frontera de Kenya, para tomar este camino antiguo, poco conocido, que llevaba hacia el oriente al lago Natron.

Mike estaba en su elemento: Lo salvaje, lo desconocido, lo despoblado, lo no transitado. En esta tierra ruda, donde apenas crecían los arbustos del África, estaba en su lugar. En la ciudad era un extraño y demacrado anacronismo; aquí era donde pertenecía.

Su precioso turista, Hyram T. Johnson, también se encontraba de mejor humor. El día no había comenzado bien para él. África no había sido muy bondadosa. Levantado desde antes del amanecer, encorvado por el peso de los costosos binóculos Zeiss y de la cámara Nikon que llevaba al cuello, había esperado el comienzo del gran espectáculo de la vida. La luz del amanecer había ascendido lentamente por encima de la charca; la cámara, con su enorme y feo lente, estaba lista.

El obturador permaneció quieto.

Nada se movía en las llanuras que comenzaban a iluminarse.

Hyram se enfureció. Serengeti estaba lleno de animales. Él lo sabía. En todos los programas de televisión sobre África que él había visto mostraban las praderas en donde abundaban cebras, jirafas, gacelas, leones y elefantes. ¿Dónde estaban? ¿Dónde estaban los elefantes?

—¿Dónde están los elefantes? —le reclamó a Mike, quien apareció, con la vista un poco turbada por el sueño, en el comedor del hotel una hora después.

—¿Cómo? —preguntó, incrédulo, dejándose caer sobre un asiento y llamando a un camarero.

—Los elefantes. ¿Dónde están los malditos elefantes? Usted me dijo que habría elefantes en Seronera. Yo he estado mirando aquí desde la madrugada. No ha habido nada. Ni un maldito animal. ¿Volé diez mil millas para fotografiar árboles?

Mike le clavó la mirada, boquiabierto, no podía creer lo que se le preguntaba.

En cierto modo le tenía lástima a este hombre tan recio y pagado de sí mismo, que venía de otro mundo. De un mundo en donde todo obedecía a sus caprichos. ¿Qué estaba pensando? ¿Que uno tomaba un teléfono y pedía elefantes como se pide una pizza? ¿Que bastaba mover un interruptor y África entraba en acción? ¿Qué podía tomar una fotografía y luego apagar el continente?

—Yo no quería decir que se encontraban aquí en el hotel, aunque a veces pasan y se detienen en la charca. Deben de estar cerca. La semana pasada fueron vistas algunas manadas grandes que se dirigían hacia el suroeste, en dirección al cráter. Si quiere elefantes, le buscaré elefantes.

—Sí, señor, eso es lo que quiero —dijo Hyram—. ¿Cuál es su plan?

—Si van hacia el suroeste se dirigen hacia tierras muy remotas. A poca distancia al norte de aquí hay un viejo camino maasai que va hasta Natron. Podemos tomar ese camino y luego seguir por tierras más salvajes hacia el sur. Será una ruta difícil y habrá que ir despacio. Tendremos que acampar una noche y a la mañana siguiente retomaremos la carretera y regresaremos acá.

—¿Acampar? —había un tono de alarma en la voz de Hyram—. ¿No es peligroso?

—Más seguro que el Parque Central de Nueva York —respondió Mike.

—¿Sí? No me hable del Parque Central. En el Parque Central he visto más animales que aquí.

Un momento después agregó: —Aunque allá casi todos los animales tienen dos piernas.

El plan estaba fijado, y Mike canturreaba

tranquilamente mientras Bennie hacía rodar el grande y confiable Land-Rover, el cual iba dejando atrás una enorme nube de polvo rojo que brillaba y centelleaba suspendida en el sol resplandeciente de la mañana. Por todas partes crecían unos pequeños y espesos arbustos llenos de espinas agudas que cubrían el camino abandonado.

—Dentro de poco —dijo Mike— llegaremos a campo abierto. Nos desviaremos de la trocha y partiremos hacia el sur.

—¿Y quién notará la diferencia? —dijo el estadounidense, sudando en el asiento de atrás—. Hace una hora que no veo ningún camino. Sólo he visto matorrales y polvo.

Mike se rió para sus adentros. A menudo se lamentaba de tener que ganarse la vida atendiendo a personas como ésta, y el descontento del hombre le producía una pequeña y perversa satisfacción.

—Dentro de un minuto llegaremos a las praderas abiertas. Entonces nos pondremos a buscar sus elefantes.

Cambiaron a la última velocidad y subieron por una pendiente larga y suave, entre los matorrales con espinas. Mientras el Land-Rover avanzaba implacable, empujando la maleza, la rasguñaban produciendo chillidos enervantes. Con el pie apenas tocando el acelerador, Bennie dejó que la enorme máquina se impulsara sola poco a poco hasta llegar a la cima de la pendiente.

Llegaron hasta arriba y se detuvieron.

El terreno cubierto de maleza descendía lentamente hasta un río perezoso del color del barro que seguía su curso tranquilo hacia el sur. Más allá, una gigantesca llanura solitaria se extendía cada vez más lejos hasta fundirse, en la distancia, con el azul brumoso de un cielo despejado.

Se hizo un repentino silencio en el Land-Rover.

El movimiento reposado del motor se desvaneció en el momento en que Bennie dio vuelta a la llave.

Qué suerte. Qué suerte tan increíble.

Por pura casualidad habían tropezado con uno de los espectáculos más imponentes que África puede brindar.

En silencio, uno por uno se fueron bajando del Land-Rover y se subieron al techo y a la cubierta del motor. Hasta el turista ruidoso perdió la voz.

La llanura de abajo estaba cubierta por inmensa masa de puntos negros que se movían lentamente.

Un mar en movimiento de ñus. Un diluvio, una inundación de estas extrañas y mansas criaturas se extendía como una manta sobre el vasto llano verde y brillante. Un inmenso mosaico de formas grises y negras que pastaban tranquilas. Un número incalculable, inimaginable. ¿Medio millón? ¿Un millón? ¿Quién podría adivinar?

Y seguían llegando.

Irradiaban en largos hilos negros que fluían hasta donde alcanzaba la vista; eran como ríos que giraban y confluían, haciendo crecer el misterioso y gigantesco lago de animales. Ríos vivientes implacables e inexorables, movidos por algún impulso muy antiguo e ineludible, apenas perceptible, que el hombre no alcanza a comprender.

Un solo grial místico de pensamientos los trajo hasta este lugar, desde las grandes distancias de los horizontes vibrantes.

—Dios mío —dijo el estadounidense, en voz baja—. Yo pedí animales. Ahora ya tengo animales.

—Si —dijo Mike—. Ahora tiene animales.

—¿Qué? —preguntó Hyram—. ¿Qué es? ¿Qué los trae hasta acá? —hablaba en voz muy baja, como quien está en una iglesia.

—Es muy sencillo —dijo Mike—. Por lo

menos hay una explicación que sí lo es. Las lluvias cortas que caen por la época de Navidad hacen crecer el pasto y llenan las charcas. Hay mucho calcio en el pasto ahora, y en el agua. Por eso vienen aquí.

Hubo un largo silencio mientras todos permanecían embebidos en el espectáculo que tenían ante sus ojos.

—No —dijo el estadounidense al cabo de un rato—, no es eso. Eso no es lo que los atrae.

—Es lo que dicen los científicos.

—Científicos, científicos —gruñó—. ¿Qué pueden saber ellos con sus libretas y sus calculadoras? ¿Quiere saber qué es lo que mueve la vida? Pregúntele a un poeta, no a un científico.

Mike lo miró con creciente respeto.

—Yo no conozco ningún poeta. No vienen muchos por aquí. Pero tiene razón. Hay cosas que no podemos explicar. Estamos viendo una de ellas.

Se sonrieron uno a otro, y de repente hubo entendimiento, surgió un vínculo.

Se quedaron ahí parados, largo, largo rato, bajo la enorme bóveda azul del cielo, cada uno con sus pensamientos, cada cual experimentando ante este gigantesco y majestuoso tapiz su propia admiración, su propia búsqueda de significados.

—Entonces —dijo Mike, al cabo de varios minutos—, ¿vamos a buscar sus elefantes?

Hyram asintió y todos comenzaron a moverse, saltando del Land-Rover.

Frente a la puerta, el estadounidense se detuvo, se quedó mirando por última vez hacia la llanura. Negó con la cabeza, incrédulo.

—¿Calcio, verdad?

Escupió con aire despectivo.

—Maldito calcio.

Continuaron su camino rodando en silencio, profundamente afectados por lo que habían visto. Ahora se dirigían hacia el sur siguiendo la larga línea de la montaña, con la llanura y los ñus a su izquierda. Y cuando calcularon que no molestarían al rebaño que pastaba pacíficamente, descendieron al pasto plano de la llanura.

Ya se podía andar sin mucha dificultad y Bennie condujo alegremente el Land-Rover entre saltos y golpes, evitando las piedras y los arbustos.

—Tierra de tembo cerca, bwana —dijo, señalando a la distancia delante de ellos.

Mike dirigió la mirada hacia donde indicaba el dedo y asintió.

—¿Qué es eso? —preguntó Hyram.

—Los baobabs. Encuentre un baobab y lo más seguro es que encuentre un elefante. Les fascina la corteza. Felices despedazan un baobab y lo hacen flecos con sus colmillos.

No había terminado la frase cuando fue lanzado brúscamente hacia adelante al darle Bennie un fuerte pisotón al freno.

El Land-Rover se sacudió y paró de un golpe.

—Bennie, rayos, ¿qué pasa?

El conductor miró perplejo a Mike. Puso reversa y retrocedió lentamente, examinando el suelo desde la ventanilla lateral mientras avanzaban. Finalmente se detuvo.

—Bwana, venga —dijo, bajándose del Land- Rover.

Mike lo siguió hacia la parte delantera del auto. Bennie le mostró el pasto. En una depresión en el barro del suelo había una huella muy clara de una llanta un poco más grande. Una llanta de Land-Rover o de camión.

—Bueno, ¿pero ése es motivo para que me lances de cabeza por el parabrisas?

—Bwana, nadie viene aquí, usted lo sabe. Las compañías de safari no se aventuran por estos lados. Y esa marca es fresca.

—Bueno, ¿y qué quieres decir? —preguntó Mike, aunque sabía qué le estaban diciendo.

—Encuentre un baobab, encuentra un elefante. Encuentre un elefante... —se encogió de hombros y dejó que Mike terminara la frase solo.

—Cazadores furtivos —dijo Mike secamente.

—Bwana, nos devolvemos ya. Estos hombres son peligrosos.

—¿Devolvernos? Yo nunca en mi vida le he vuelto la espalda a un cazador furtivo. No voy a comenzar ahora.

—Bwana, por favor. Tengo un amigo, un guía en Ngorongoro. Él dice que estos hombres son peligrosos. Ellos no cazan con rifles. Ahora tienen ametralladoras. Por favor, bwana, devolvámonos.

—Vamos a seguir —dijo Mike, con determinación.

Regresó rápidamente al Land-Rover. Abrió la puerta de atrás y sacó del estuche de cuero el largo rifle de cacería con mira telescópica. Metió la mano dentro de una bolsa de lona, destapó una caja de cartuchos pesados de tres pulgadas y echó media docena en el bolsillo de su camisa. Luego se subió de nuevo a su asiento de pasajero.

—Vámonos —le dijo a Bennie—, y ten los ojos bien abiertos.

—Muy bien, bwana —respondió Bennie, descontento.

—¿Qué pasa? —preguntó Hyram—. ¿Para qué es eso?

—Sólo una precaución. Sus preciosos elefantes, si los encontramos, quizá no se alegren mucho de vernos. Son lo más peligroso que hay por aquí —y agregó "casi" en voz muy baja.

El Land-Rover rodaba lentamente hacia la línea de árboles, y el terreno comenzaba nuevamente a formar un ligero declive. A una media milla de distancia de los árboles Mike le dijo a Bennie que se detuviera.

—Apaga —dijo. Y tomando los binóculos, se subió a la cubierta del motor y luego se paró en el techo, de donde miró cuidadosamente de derecha a izquierda.

Detrás de los árboles se elevaba en espirales un hilillo de humo gris, y muy tenues en el aire se alcanzaban a escuchar voces. Y detrás de las voces un constante clac, clac, clac.

Bennie tenía razón. Mike comenzó a sentirse molesto. Conocía ese tipo de ruido. Saltó al suelo con agilidad.

—Carga la otra arma, Bennie. Tú te quedas y vigilas todo aquí. Yo tengo un pequeño trabajo que hacer.

Sacó el rifle del auto y partió con paso largo y tranquilo en dirección a la línea de árboles.

—Tenga cuidado, bwana —lo llamó Bennie. Pero ya Mike se había confundido dentro del paisaje.

Moviéndose con agilidad, aprovechando los árboles y los arbustos llenos de espinas, se encaminó hacia la parte alta de la loma. Una expresión firme de ira le marcaba el rostro. Había vivido este momento muchas veces en el pasado, en Selous, cuando cobró fuerza la gran plaga de ladrones de marfil. En esas ocasiones el hombre le producía fastidio. No sólo los hombres duros y temerarios a quienes sabía que iba a encontrar aquí en su vil y salvaje oficio, sino también las gentes invisibles que lo habían hecho posible. Las mujeres de sonrisas falsas y collares del color blanco de la muerte en sus gargantas; los innumerables habitantes de los suburbios que exhiben sobre los aparadores tallas en marfil, a un mundo de distancia de África. ¿Lo comprarían si tuvieran que apretar el gatillo; si tuvieran que ver a este maravilloso y extraño habitante de la tierra derrumbarse, ensangrentado y retorciéndose moribundo sobre el polvo? ¿Tomarían el hacha y arrancarían el marfil de la carne todavía caliente de la enorme cabeza del elefante?

Con el rostro frío introdujo los pesados cartuchos en el rifle mientras trepaba los últimos metros que le faltaban para llegar a la cima de la loma.

Ya podía escuchar las voces; se arrodilló y se arrastró en silencio hasta donde pudiera mirar por encima de la loma. Se detuvo y se sentó detrás de una roca un momento, tratando de controlarse. La experiencia le había enseñado que la ira era un enemigo.

Luego se levantó, se movió hacia un lado y siguió por la cresta de la colina.

Frío como una máquina, analítica y clínicamente, hizo inventario.

Una fogata. Un asador con un gran trozo de carne dorándose. Había dos hombres sentados junto al fuego. Un Land-Rover, verde oscuro, parte trasera de lona. Unos enormes colmillos blancos asomaban por fuera de la lona: uno, dos, tres pares.

La furia comenzó a crecer.

Contrólala. Controla la furia.

Un elefante yacía en el suelo.

Pasó rápidamente la mirada de un enorme cadáver a otro. Dos estaban echados so-

bre sus costados, otro cayó sobre la barriga, con las patas dobladas debajo del tronco. Unos hoyos terribles, espantosos, sangrantes, se abrían donde los colmillos habían sido arrancados con el hacha.

Un cuarto elefante. Otro hombre, muy alto, somalí, con el hacha levantada todavía, estaba aún en el acto de golpear a esta grande, noble y silenciosa criatura.

Ahora sí. ¡Suéltala!

¡Ya puedes soltarla!

El arma se elevaba a medida que su ira crecía. Las posiciones de los tipos estaban claras en su mente. Podía mantener su ira.

¡Bang! Salió el primer tiro, el arma rebotó contra su hombro. El hacha levantada saltó al aire al golpear la bala en el brazo del somalí. Éste gritó, dio una vuelta al recibir el impacto y cayó retorciéndose al suelo.

Con el rifle todavía colgado del hombro Mike dirigió el cañón y la mira lentamente hacia donde estaban los otros dos hombres. Éstos se habían puesto de pie de un salto y estaban ahí parados, quietos, como dos largas aves negras listas para levantar el vuelo.

¡Bang! El segundo. Detrás de los hombres, a poca distancia, se levantó un poco de polvo. Falló.

Pasado el momento de susto y confusión, los dos hombres comenzaron a correr hacia el Land- Rover.

¡Bang! Tres. El hombre que iba adelante dio una vuelta sobre un pie, con el impacto de la pesada bala. El segundo hombre pasó junto a él, corriendo.

¡Bang! Cuatro. Un zumbido largo y la bala le pegó a la puerta trasera del vehículo y cayó haciendo espirales entre los matorrales, un tiro perdido.

Ahora sí, cuidado. Sólo quedan dos cartuchos. Movió el cañón nuevamente y apuntó al primer hombre. Yacía en el suelo, quieto. No había peligro.

Otra vez a la derecha. Ni rastro de los otros hombres. Ya estaban protegidos dentro del Land-Rover.

De repente zumbó el motor de arranque y la máquina se encendió. Se habían montado por la puerta de pasajeros. Rápidamente el vehículo retrocedió, descontrolado, en zigzag, hasta donde se encontraba el hombre herido. Se detuvo, bloqueándole a Mike la visión del tipo.

¡Maldición! No podía ver a ninguno de ellos.

Un momento.

Contrólate de nuevo.

¿Ahora qué? Quedan dos cartuchos.

¿Dispararle a las llantas?

¿Y después qué?

Un rifle vacío y soy presa fácil para ellos.

Lentamente, con cierto pesar, dejó caer el cañón del rifle.

El motor se puso en marcha y el Land-Rover se disparó hacia el otro lado del claro, por entre los árboles, rodando y saltando, con los grandes colmillos sonando como matracas en la parte de atrás, en dirección al oeste...

Mike lanzó un profundo suspiro.

Se quedó parado durante un largo y angustioso momento, viendo partir el vehículo.

—Habrá otra oportunidad —dijo una voz calmada detrás de él.

Mike dio la vuelta rápidamente para encontrar a Hyram Johnson a unos pocos pasos de él. El rostro del hombre estaba endurecido de rabia y horror.

—Sí —dijo Mike, con pesadumbre—, siempre hay otra oportunidad.

Luego, al volver la mirada hacia las enormes, grises y trágicas bestias, con sus máscaras sangrientas haciendo eco silencioso de su agonía disparó los dos últimos cartuchos inútilmente, con una furia ardiente, hacia el Land-Rover.

A pocas millas de distancia hacia el oeste, los tiros distantes flotaron muy tenues pero inconfundibles sobre el claro donde se estaba desarrollando un drama grandioso y salvaje.

CAPÍTULO XI

El círculo mortal dejó de contraerse. Casi sin respirar, Chris miraba con asombro y fascinación.

Parado sobre un borde cerca de la cima del kopje, como una silueta dorada que contrastaba claramente con la roca pálida, el león viejo levantó su gran cabeza marcada con cicatrices y rugió al cielo.

Fue más una fuerza que un sonido. Elemental, como el retumbar de un trueno que hacía temblar el aire, golpeó como una puñalada en el pecho y penetró en el cuerpo de Chris.

Con las miradas confusas las leonas y los cachorros comenzaron a retroceder. Escurriéndose, con las cabezas agachadas como hienas taimadas, parecían avergonzados, turbados.

Otro perentorio e imperioso rugido y todos se pusieron en movimiento, como respondiendo a la orden. Lentamente, entrecruzándose unos con otros, se deslizaron otra vez hacia el pie del Kopje, con gruñidos de protesta y desilusión que se fueron desvaneciendo hasta que se hizo el silencio.

Silencio.

Chris volvió la cabeza y miró al león joven. Éste no se había movido. Pero ahora tenía la cabeza echada hacia atrás. Indeciso y cauteloso, el reto arrogante del patriarca le había hecho olvidarse de Chris.

El niño permaneció inmóvil, la lanza improvisada en posición, con la caña apoyada en el suelo blando y la punta lista.

De repente el león joven también se puso en movimiento. Alejándose de Chris comenzó a pasearse, primero hacia afuera, saliendo del kopje, y luego, formando un arco, hizo una curva larga hacia la llanura, y después regresó para completar un círculo. Luego dio la vuelta de nuevo, marcando con los pies los grados del círculo, alejándose y regresando en grandes arcos. Al caminar, su enorme cabeza se mecía de un lado al otro, y con cada paso mesurado daba un gruñido profundo y gutural. Un trueno bajo y hondo que brotaba desde su estómago, rítmico e infinitamente amenazador.

Paso. Rrrrr. Paso. Rrrrr. Paso. Rrrrr.

Con una lentitud desesperada, Chris comenzó a levantarse. Ya sabía que por el momento, al menos, había sido olvidado. Ante él se desenvolvía ahora una saga milenaria. La majestuosa bestia estaba demarcando su campo de batalla y Chris, una diminuta e insignificante hormiga, se podía retirar.

Se puso de pie y comenzó a retroceder con un paso lento y cauteloso a la vez. Izquierda. Pausa. Derecha. Pausa. Izquierda. Agrandando poco a poco el mapa entre él y la fiera que daba vueltas gruñendo. De pronto, giró abruptamente sobre sus talones, rompió la vuelta y emprendió una carrera veloz de regreso por la zanja hasta caer, sin respiración, bajo la sombra del avión.

Su padre lo llamó lleno de alivio al ver que llegaba de nuevo.

—Chris. Gracias a Dios. No podía verte porque el avión no dejaba. Pensé...

—Puedes estar tranquilo, papá. Ya estoy bien. Te contaré todo dentro de un momento. Espera. Por ahora estamos a salvo.

Las leonas y los cachorros habían llegado al kopje y subían por las rocas poco a poco, con saltos lentos y deliberados, deteniéndose ya para mirar abajo al león joven, ya a su soberano que gruñía en lo alto. Cuando estuvieron cerca de la cima, bajaron los hombros y casi se arrastraban, temblando, pidiendo perdón. Finalmente se echaron en grupo un poco más abajo de donde se encontraba el león viejo.

Una vez que su manada estuvo nuevamente en su lugar, el león viejo comenzó a descender, lanzándoles pequeños gruñidos de amonestación por su comportamiento. Lento y vigilante, sus ojos amarillos mirando siempre a su adversario, se acercó al suelo plano, finalmente pisó de un golpe el pasto y se paró allí inmóvil y silencioso, con la cabeza echada hacia adelante, moviendo la cola lentamente de un lado a otro. El león joven dejó de pasearse con actitud provocadora y se paró frente a él.

Desde el kopje las leonas y los cachorros miraban muy quietos, pero con ojos vigilantes y calculadores. La escena trajo a la memoria de Chris el coliseo romano. La muchedumbre que miraba, calculando las posibilidades de los combatientes. Los gladiadores estudiándose uno a otro desde los dos extremos de la arena. "Los que vamos a morir os saludamos". La diferencia, la temible y aterradora diferencia era que esos conflictos de hace tiempos no tenían consecuencias para los observadores. Si alguien quedaba vivo o moría en esos horribles y ensangrentados hoyos de batalla de la historia, las muchedumbres en medio de la gritería simplemente se levantaban y se iban a sus casas. Aquí la cosa era muy diferente.

Los acontecimientos de esta última hora le habían dado a Chris una idea muy clara de la naturaleza de esta extraña y confrontación. Ahora, mientras miraba al león viejo, podía ver que el impresionante y majestuoso porte no escondía la flacura y la piel hundida por la edad. Sobre el kopje la luz del sol le había dado a este animal el brillo del oro, y la distancia había hecho de él una estatua encantada, algo reluciente lleno de poderío y de majestad. Ya de cerca, Chris se dio cuenta, un poco descorazonado de que el abrigo dorado perdía el brillo y quedaba como un tapiz caqui gastado que colgaba en piiegues sueltos sobre un perchero de huesos tieso y protuberante.

¿Cómo podía competir con esa temible malevolencia que esperaba allí, en el medio de ese campo de batalla demarcado por una línea invisible?

No obstante, su porte y sus ojos no daban muestras de inseguridad; ambos llevaban todavía el sello del veterano guerrero. Y al comenzar a moverse hacia adelante para iniciar la batalla, no se veía ningún temor, ninguna duda, en su paso imponente y soberbio. Chris tenía temor por él, pero obviamente el león no tenía temor por él mismo.

Casi despreocupadamente se alejó del pie del kopje y pasó cerca del casco arruinado del avión, a unos tres metros de distancia de donde se encontraba Chris arrodillado bajo la sombra que daba el ala. Tan cerca que el olor del animal quemó como humo ácido las narices de Chris.

Pronto se había alejado y caminaba en silencio hacia donde debía enfrentarse al contendor, aumentando la velocidad a medida que se acercaba. El paso tranquilo se convirtió en un movimiento de trote decidido; alzó la cabeza y los hombros, luego un paso largo, finalmente el gran galope del depredador que va a la caza. No había sutileza en su ataque, ninguna táctica o estrategia de astucia, rodeos o subterfugios. Sólo 250 kilos de ferocidad acumulada y concentrada que chocaban con el suelo. Y mientras andaba comenzó a gruñir. Unos gruñidos profundos de furia y odio que resonaban, como salidos de lo hondo de las nieblas prehistóricas del tiempo, para regresar y hacer eco contra la pared del kopje.

La embestida violenta terminó con un golpe sordo y repentino de carnes, un golpe que hizo a Chris contener la respiración, al encontrarse los dos leones. El choque tumbó al león joven y lo echó a rodar de cabeza por el polvo. Éste se recuperó, dio una vuelta hasta quedar sentado, apoyado sobre las ancas, con una enorme pata azotando el aire y los labios templados dejando ver los dientes en un gruñido que escupía furia. En un instante el león viejo se lanzó sobre él, e ignorando las terribles garras que desgarraban, se botó hacia adelante, buscando con las fauces la garganta.

Otra vez se unieron, azotando y tirando mordiscos, y quedaron enlazados, rodando de un lado a otro, como una bola que se sacudía, se batía y escupía furia, cada enorme boca llena de dientes ansiosa de agarrar la garganta de la otra en la estrangulación de muerte final.

Chris miraba, el corazón le golpeteaba, mientras la lucha se inclinaba para un lado u otro. Era imposible ver cual león llevaba la ventaja, hasta imposible saber, en medio de la confusión de golpes y vueltas, cuál león era cuál.

Luego se rompió la bola al salir rodando de medio lado uno de los leones, que giró y de un salto se puso de pie. El león más joven, y más ágil fue el que escapó. Dio una vuelta rápida y se levantó sobre las patas traseras, y con las otras azotaba la parte posterior del león viejo. Más lento para recuperarse, el león viejo quedó aprisionado en medio de los pesados golpes que recibía en las ancas. Las garras malévolas le rasgaban la piel que colgaba en pliegues, dejando la carne al rojo vivo, y con el impacto se le voltearon las patas traseras por debajo. Aprovechando la vuelta se alzó de debajo de las patas que lo azotaban y se aferró con las fauces a la garganta del león joven.

Lo agarró.

Las fauces se cerraron con malicia. Por un segundo se congelaron; el león joven seguía levantado sobre sus patas traseras, pero suspendido de la garganta. Luego, con un movimiento ligero y maligno de la cabeza hacia un lado el león viejo lo lanzó sobre la espalda y allí seguía luchando, moviendo inútilmente las patas como molinos, lanzando gruñidos que se convirtieron en jadeos ahogados a medida que las enormes pinzas se cerraban sobre su gaznate.

Chris deseó que el león viejo se detuviera. En alguna parte en lo más profundo de sus instintos sabía que su supervivencia y la de los hombres que se hallaban detrás de él estaba inextrictamente ligada a esta breve lucha titánica que ya llegaba a su fin. Por primera vez en su vida deseaba que otra cosa se muriera.

"Detente", llamó con su mente. "Espera".

Pero no iba a ser así.

Flotando desde la llanura, casi imperceptible pero claro e inconfundible, llegó el estallido fuerte de un disparo de rifle.

La cabeza de Chris dio media vuelta de un golpe y miró hacia arriba al percibir el ruido.

Los leones se congelaron como estatuas, las fauces todavía agarradas a la garganta.

¡Bang! Un segundo tiro rodó por la cuenca lisa del cielo.

Todo motivo de conflicto fue expulsado de sus mentes en ese momento por un solo temor común, y la pareja se separó. El león viejo, soltó la presa, retrocedió y se volvió ansioso hacia el ruido. Allí se vislumbraba un peligro mucho más grande, un peligro que él conocía muy bien y al cual temía más que a cualquier otro.

¡Bang!

El león joven ya se había puesto de pie de un salto. Se detuvo vacilante un momento, miró primero a la distancia de donde había venido el sonido del rifle, luego a su adversario vigilante, alerta.

¡Bang! Un cuarto tiro.

Los dos se movieron. El león joven se fue galopando a paso largo, lejos del claro, lejos del campo de batalla, se dirigió hacia el oeste, alejándose del sonido de los tiros. El león viejo lo vio partir, luego miró hacia atrás y escuchó un momento, con la cabeza inclinada de medio lado para captar los sonidos. Luego dio la vuelta y comenzó a regresar al kopje.

La pelea había dejado su huella. El viejo guerrero cojeaba adolorido y Chris pudo ver las grandes rasgaduras en las ancas del animal, donde las garras habían roto la piel. Se compadeció de él. El destino le había hecho una mala jugada, le había robado una victoria a esta vieja criatura insegura. Es cierto que había despedido al retador, esta vez. Pero habría una segunda vez. Y el ganador parecía vencido. Arrastraba las patas traseras, respiraba con dificultad, se veía más viejo que antes; un animal viejo, triste, que regresaba cojeando y malherido a su refugio.

Al acercarse el león Chris se levantó, extraña e inexplicablemente, sin temor. El león siguió su doloroso camino, pasando cerca de Chris por el mismo punto por donde había pasado anteriormente. Sin interrumpir su paso volvió su enorme, vieja y cansada cabeza hacia el niño inmóvil.

Por el más breve de los momentos sus miradas se encontraron. Así como el obturador de una cámara en una fracción de segundo capta y congela un movimiento diminuto de tiempo, así cruzó como un relámpago la imagen de un ojo al otro. Momentáneamente, dos criaturas totalmente diferentes, cada una sacudida y golpeada dentro de sus propias circunstancias, se tocaron las mentes al leer la una los ojos de la otra.

Los dos leyeron las mismas cosas. Desaliento, ansiedad, aturdimiento profundo de criaturas que se ven envueltas en fuerzas que no pueden controlar. Fuerzas que casi las derrotan. Cada uno leyó el temor en los ojos del otro.

Y el momento pasó. Con un gruñido suave el león dejó caer un velo sobre sus ojos y continuó su pesada marcha hacia el kopje.

Chris lo vio retirarse, asombrado y profundamente conmovido por esta ojeada fugaz al interior de una vida diferente, extraña. Por la ventana de esos ojos amarillos desgastados por el tiempo había visto la duda. En este momento el instinto le decía que la duda estaba a sólo un paso de la muerte. Ni él, ni este viejo animal cansado podían dudar.

El león comenzó a trepar por el kopje, gruñendo pesadamente por el esfuerzo que hacía al saltar de roca en roca hasta llegar arriba. Al pasar cerca de los cachorros y las leonas que lo observaban, le pareció a Chris, el león se enderezó un poco para que ellos lo vieran. Templó los labios hacia atrás en un último gruñido de reproche, luego dio el salto final hasta la alta cima que conducía al interior de su fresco y oscuro santuario.

Se detuvo a la entrada y volvió la cabeza hacia afuera para mirar a la llanura. Chris contuvo la respiración.

Desde abajo, la distancia le quitó los años y las heridas a la vieja bestia, y su silueta re-

cortada otra vez contra las rocas grises lo hizo ver renovado. Era el poder dorado, de nuevo fuerte y terrible, que con los ojos ardientes en su gran cabeza de melena negra buscaba a través del calor cambiante a su adversario.

Hubo un largo silencio.

"Ánimo", susurró Chris dentro de su mente, enviándole con su voluntad el pensamiento a través del aire quieto cargado de calor. "Ruge".

El león guardaba silencio y no se movía.

"Ánimo", susurró Chris, con más urgencia. "No dudes. Muéstrale, cómo lo hiciste antes. Muéstrale que tú eres aún el rey".

Envió el pensamiento como un canto a través del espacio que los separaba, desesperado por atravesar esos ojos vacilantes y llegar al corazón del animal. Para darle corazón al animal.

"Ruge", llamó con su mente.

Pero sólo hubo silencio; silencio y calor que aniquila, y se agachó la enorme cabeza, el león dio la vuelta, cansado, y se metió, sin hacer ruido, a la abertura negra de la roca.

Los hombros de Chris cayeron con desilusión y de repente le brotaron lágrimas de los ojos.

"No", susurró. "No lo hagas. No te rindas. Lo vamos a derrotar. Tenemos que derrotarlo".

Volvió la cara hacia la llanura resplandeciente, tratando de ver algo contra el reflejo enceguecedor. El calor hacía flotar los árboles en un lago blanco de luz.

En algún lugar allá afuera, lleno de furia y amenazante, subsistía el peligro.

"Te vamos a ganar", dijo. "No me daré por vencido. Voy a vivir. Saldremos de aquí. De alguna manera saldremos de aquí".

Dio la vuelta y comenzó a caminar lentamente, hacia el lugar donde estaba su padre. Ya empezaba a planear lo que tenía que hacer.

Mientras caminaba, dos tiros más, casi imperceptibles y lejanos, flotaron uno tras otro rápidamente desde la llanura al oriente.

CAPÍTULO XII

Era por la tarde.

Se encontraban en el toldo improvisado que Chris había armado contra la roca —una sábana sostenida adelante por pedazos de ramas que recogió al pie del árbol y amarró con alambres arrancados del avión. En la parte de atrás, la sábana estaba apoyada en la roca y pisada con piedras. Esta pequeñísima protección les daba una sensación de seguridad que no guardaba proporción con su fragilidad.

El mediodía había pasado como un fulgor blanco. Durante toda la mañana Chris observó cómo la sombra del ala del avión se acortaba poco a poco hasta desaparecer. Ahora comenzaba a aparecer al otro lado. Había colocado dos palos en el suelo en forma de brújula en cruz y puso una piedra pequeña en la punta del brazo que creyó que indicaba el norte. Confirmaría su suposición al caer el sol.

Su padre todavía dormía. Entre los dos habían atendido la pierna. De una caja rota de madera obtuvieron dos tablas apropiadas, y con un pedazo de sábana hicieron las vendas. Con las manos temblorosas Chris presionó hacia abajo la fractura, con un movimiento decisivo, tratando de unir las puntas de los huesos rotos hasta donde fuera posible; luego dispuso las tablas por delante y por detrás de la pierna para mantenerla recta. Su padre lanzó gritos de dolor, pero permaneció consciente. Cuando el dolor se convirtió en una palpitación constante se quedó dormido en un sueño tranquilo de recuperación.

El piloto continuaba inconsciente. Chris trató de ponerlo lo más cómodo posible, colgando una sábana de las ramas del árbol y recostándole la cabeza sobre una almohada de ropa. Era todo lo que podía hacer por él.

Había sido una mañana de angustia y de vigilancia, la mirada dirigida una y otra vez hacia el kopje, lejos hacia la llanura y de nuevo al kopje.

Pero los leones los habían ignorado. El macho viejo había desaparecido dentro de su cueva y no volvió a salir. Las leonas y los cachorros durmieron toda la mañana. No había habido señal del macho joven después de que los tiros lo enviara bamboleándose hacia la llanura.

No obstante, aunque parecían olvidar la presencia de los intrusos humanos, la cercanía de los leones permanecía en el ambiente como una niebla espesa y húmeda de presagio. Cada respiración llevaba el sabor a león. Cada movimiento, cada pensamiento estaba dominado, inclusive ordenado, por su proximidad. Chris sentía que a pesar de tener sus terribles ojos dorados cerrados por el sueño, ellos sabían exactamente dónde se encontraba, conocían cada movimiento que hacía. Los leones no necesitan ojos; ven con cada nervio de sus cuerpos.

Otros animales se acercaron de vez en cuando. Un par de cebras curiosas se habían quedado paradas, olfateando el aire, pocos metros detrás del baobab. Chris se paró a mirar más allá, examinando la llanura en busca del león joven, y ellas se asustaron, dieron la vuelta atemorizadas y partieron al galope, levantando con sus cascos pequeños torbellinos de polvo, y el aire se llenó momentáneamente del sonido hueco de tambores. En el calor de la media mañana, desaparecieron en el espejismo, convirtiéndose en manchas pintadas de rayas que saltaban silenciosas por el borde de un vasto y pálido mar. Al mediodía una hiena solitaria, la avidez venciendo el temor, le dio la vuelta al perímetro del claro, y luego se lanzó como loca hacia el interior para agarrar uno de los retorcidos bultos de plumas que se hallaban esparcidos alrededor del avión. Al tratar de salir corriendo con su porción de carroña se tropezó y se fue de bruces sobre el cadáver deforme y desgonzado, murmurando su irritación mientras lo arrastraba a tirones. Un espectáculo cómico, ridículo, que en momentos mejores habría hecho reír a Chris.

Fuera de esto, y de una diminuta gacela de Thomson que pasó delante de ellos en puntillas, delicada y elegante, el día transcurrió casi en silencio; un silencio pesado, ardiente, interrumpido sólo por un ladrido o bramido distante, no visible a lejos en la llanura, o el latigazo de unas alas de buitre al pasar algún solitario explorador en su búsqueda eterna de tumbas para saquear.

Chris llegó a odiar a estos viles y espantosos pájaros que volaban en círculos en la bóveda azul, decididos, con el solo propósito de buscar la muerte. Pero de una manera extraña el odio le daba fuerza. Perecer aquí era algo impensable; morir vigilado por un círculo de ojos fríos y malignamente pacientes; morir sabiendo que esos terribles picos curvos aguardaban para perforar, tirar y rasgar su carne todavía tibia; la sola idea inundó la garganta de Chris de determinación y furia ardiente.

—Aguarden todo lo que quieran —le dijo al cielo—. No me atraparán.

Todavía no había comentado su plan con su padre. Toda la mañana habían escuchado con la esperanza de oír el zumbido de algún avión que viniera a buscarlos o el golpeteo vibrante de un helicóptero. No oyeron nada.

Cien veces había lanzado Chris la mirada sobre la planicie de la llanura, cubriéndose los ojos para darles sombra, en busca de algún vehículo, de gente o humo, o de alguna señal de vida humana. No hubo nada.

La vaga esperanza de que se repitieran los lejanos disparos más cerca, de que llegaran voces humanas o el ruido de un motor hasta donde ellos estaban se desvaneció con el paso de las horas.

Pero la esperanza no estaba perdida. De ninguna manera.

Mientras se movía en silencio por toda el área, recogiendo los pedazos regados y rotos de otro mundo, Chris sintió que su decisión se hacía cada vez más firme a medida que su plan iba tomando forma. Cada pequeño éxito le daba más fuerzas. Y había conseguido muchos éxitos. Había encontrado agua, 20 litros, en un tarro tiznado por el fuego en la parte trasera del avión. Junto a éste había una caja de herramientas de metal que le pareció maravillosa y le alegró el corazón; contenía un hacha y un machete, entre otras herramientas. Encontró su maleta con la comida que había guardado para el viaje y la fruta que había comprado a la entrada del hotel. La supervivencia y la fuga ya no eran simplemente el deseo instintivo y animal de vivir como habían sido al comienzo. A medida, que avanzaba la mañana, se habían convertido en una empresa clara y detallada en la mente de Chris; una empresa que cualquier hombre primitivo habría reconocido, en un mundo en donde la vida se reducía a las necesidades elementales de todos los hombres en todos los tiempos: comida, agua y abrigo. Ésa había sido la búsqueda de Chris. En cierta forma él había domado su mundo, como

lo habían hecho millones de seres anteriores a él. Había seleccionado y escogido y, para ese momento al menos, había conseguido abrigo contra el mortífero sol, alimento para comer y agua para beber.

Y gracias a estas cosas había esperanza. Había futuro.

Miró la sombra que proyectaba el ala, luego a su brújula en el suelo. La orientación correcta sería vital para su plan.

El sol todavía estaba muy arriba y entonces pensó que sería la una más o menos. Más tarde, cuando el sol fuera menos feroz, caminaría hasta los árboles para recoger leña para una hoguera. Si podía mantener el fuego encendido durante la noche, no los atacarían los depredadores. Nuevamente su mirada se dirigió hacia la llanura.

"¿Qué estará haciendo?", pensó. "¿Lamiendo su dignidad herida?" "¿Tramando lo que hará con nosotros ahora?"

—¿En qué piensas, hijo? —su padre se había despertado y lo estaba mirando.

—Hola, papá. ¿Cómo te sientes?

—Estoy bien. La pierna me está doliendo mucho, pero estoy bien.

—Sólo pensaba en dónde podrá estar el león.

—Quizás se fue para siempre —sugirió su padre.

Chris sabía que eso no era posible. El papá no había visto sus ojos, no había visto el terrible deseo, la desesperada ansia de sangre que quemaba en olas abrasadoras y que brotaba de esos pozos amarillos de odio. No, aún estaba allí, aguardando. Y estaba furioso. Chris podía sentir la furia que corría por el suelo desde la llanura para agazaparse como una rana sobre ellos.

—No, papá, está ahí —dijo simplemente—. Yo sé que está ahí.

—Y los otros que están allá en la roca... —el señor Harris gimió al cambiar de posición.

Chris dirigió la mirada hacia arriba para examinar el kopje.

—Permanecen igual a como estaban antes. Ninguno se ha movido.

Echó hacia atrás la tapa del tarro y vació un poco de agua en una botella de plástico que había encontrado antes. Se la dio a su padre.

—Papá, tengo que hablar contigo ahora acerca de lo que voy a hacer.

—Muy bien, te escucho.

—Toda la mañana he estado pensando sobre lo que sucedió y lo que yo puedo hacer, y he sacado algunas conclusiones. Le llevé al piloto un poco de agua mientras tú dormías. No ha recuperado el conocimiento pero le lavé la cara y le escurrí un poco de agua por la boca. Me parece que bebió un poquito, pero está muy mal. Si no recibe ayuda pronto, morirá, de eso estoy seguro. Aunque tenemos comida y agua y podemos esperar aquí quietos hasta que venga alguien a rescatarnos, él no puede esperar. Y hay algo más que no dará espera. El león allá afuera... ése no esperará. Mañana o al día siguiente regresará. Y la próxima vez no habrá nada que lo detenga.

—No sé a qué va todo esto. ¿Acaso podemos hacer algo diferente de esperar?

—Pues bien, he estado haciendo algunos cálculos, papá. Esto es lo que sé. Cuando salimos del cráter de Ngorongoro el piloto tomó rumbo al noroeste, yo vi cuando lo hizo. Luego, cuando hablamos de Mike Taylor, él dijo que pasaríamos por encima de la hospedería de Seronera en una media hora.

—Muy bien, te sigo, hasta ahora —dijo el señor Harris.

—Bueno. Lo que sigue son conjeturas y lógica mezcladas. Digamos que viajábamos a una velocidad de 120 millas por hora, media hora de vuelo serían 60 millas del cráter a la hospedería. Yo no sé cuánto volaríamos antes de estrellarnos, pero si hacemos un cálculo, en 15 minutos habríamos volado 30 millas. Ahí lo tienes.

—¿Dónde?

—La hospedería de Seronera queda a unas 30 millas hacia el noroeste. Al caer el sol podré señalar exactamente el noroeste.

—¿Y entonces?

—Papá, si me voy caminando y corriendo puedo hacer 30 millas en cinco o seis horas. Si salgo de aquí a la madrugada, encontraré la hospedería al mediodía y puedo tenerles ayuda aquí en las horas de la tarde.

La boca del padre de Chris se abrió de espanto.

—¿Qué? ¿Caminar? ¿En estas tierras? ¿Estás loco? Chris, lo prohíbo. Absolutamente, totalmente lo prohíbo.

—Yo ya lo sabía. Pero es la única manera, papá. Yo no puedo sentarme aquí a ver morir a ese hombre cuando soy perfectamente capaz de andar esa distancia. Y en todo caso, el piloto dijo algo más. Cuando le pregunté si veríamos a Mike Taylor por el camino dijo que seguiríamos la carretera unas cuantas millas antes de llegar a Seronera. Entonces quizás yo encuentre la carretera, y gente tal vez, en menos millas de lo que pensamos.

El rostro del señor Harris palideció.

—Chris, ésta es África. No lo vas a lograr.

—Sí puedo, papá. No me preguntes por qué lo sé, pero lo sé. Yo sé que es peligroso, pero algo dentro de mí me dice que está bien y que es posible. Y lo voy a hacer. Tengo que hacerlo.

Hubo una larga pausa mientras el señor Harris estudiaba preocupado el rostro de su hijo.

—Ya veo —dijo al rato—. Por la expresión de tus ojos me doy cuenta de que es inútil discutir.

—Completamente inútil, papá. No sabías que tu hijo fuera tan terco, ¿verdad?

—Me parece que no conocía en absoluto a mi hijo —dijo el señor Harris en voz baja—. Es un gran honor poder conocerlo ahora.

—Entonces todo está claro —dijo Chris—. Ahora voy a cortar un poco de leña.

—¿Cómo? ¿Cortar leña? ¿Puedes hacerlo con las manos maltratadas?

—Están bien. Esta noche tendremos fuego toda la noche para alejar a los animales. Cortaré suficiente para mañana también, tú podrás mantenerlo. No sabemos, quizás alguien vea el humo.

Chris recogió el hacha y se fue caminando hasta el otro lado del claro, donde estaban los árboles. Había varias ramas al pie del baobab. Comenzaría allí. Se movía lentamente y en silencio, pensando siempre en no provocar a las leonas. Pero ellas lo ignoraban, permanecían echadas en sus poses indolentes sobre las rocas. Pasando la mirada constantemente de derecha a izquierda, observaba la llanura para detectar cualquier movimiento mientras llegaba al árbol. El impacto del ala había hecho caer al suelo una lluvia de ramas y corteza rota. Suficiente leña para unos días. Lanzó una última, larga y cuidadosa mirada de búsqueda. No había el más mínimo rastro del león joven. Lejos, muy lejos, una larga cinta de ñus trazaba una fina línea negra entre la tierra verde y el cielo azul, una línea larga de vida, como dibujada a lápiz, que se movía lentamente en el vasto vacío y en el silencio.

Pronto el silencio se vio interrumpido por el golpe seco y firme del hacha al comenzar Chris su tarea de cortar la leña que les preservaría la vida. Mientras partía metódicamente las ramas en pedazos fáciles de manejar, trató de racionalizar su temor. En su interior no estaba tan confiado como lo mostraba el rostro que le había presentado a su padre. Los peligros eran inmensos y desalentadores, pero no iban a dejar de serlo si se quedaba allí. En realidad, si pudiera irse sin hacer ruido y sin que las leonas o el león joven allá en la llanura lo vieran, quizás habría menos peligros allá afuera que aquí. Era joven y sano y podía correr como el viento. Y tenía que irse. Las vidas de dos hombres dependían de él. A sus espaldas, mientras partía la leña de aroma dulce, el horizonte cambiaba de forma en el silencio de la distancia. La gran línea negra de ñus comenzaba a romperse. Las melenudas cabezas negras se habían volteado; los vigilantes ojos y oídos habían captado una extraña forma negra que zumbaba, que venía desde el oriente hacia ellos. Las madres llamaron a sus retoños para que se reunieran con ellas, los machos ansiosos comenzaron a trotar para arriba y para abajo a lo largo de la línea, protegiéndola con cierto nerviosismo. La forma se acercaba implacable. Los cascos empezaron a tamborilear el tronar bajo y profundo del galope a medida que una onda insonora de pánico recorría la línea. Mil bestias iniciaron una carrera irreflexiva en desbandada.

Chris se detuvo, consciente de que algo sucedía, pero confundido por lo que podría ser. Había sentido, más que escuchado, el ruido. Una diminuta vibración a través de las plantas de sus pies lo había hecho parar de repente, con el hacha todavía sostenida en el aire; un temblor se le había subido por las piernas hasta llegarle al estómago, donde se posó como un rumor instintivo de miedo.

Su cabeza se volteó, sus ojos buscaron el origen, su mente se agitó. Las leonas no se habían movido, aunque también estaban despiertas y alertas.

Dio media vuelta para examinar la llanura. No había nada por ahí cerca que pudiera explicar el ruido.

Luego lanzó la mirada hacia el horizonte. Brillante con la distancia y el calor, la línea de ñus saltaba y brincaba, los grupos de puntos negros se movían y volvían a formarse, se separaban como rayas alocadas corriendo sin rumbo. Algunos se devolvían a su punto de partida, algunos continuaban, hasta que se abrió una brecha cada vez mayor en la línea.

Una forma oscura cruzó por el centro de la brecha a gran velocidad, arrastrando tras ella una nube de polvo. La cabeza de Chris se volteó sobre su pecho. ¿Podría ser? ¿Sería posible? No gritemos todavía. No alentar la esperanza hasta...

Juntó las manos sobre la frente, cubriéndose los ojos.

Sí era. Tenía que ser. Se estaba moviendo demasiado rápido para ser un animal. Sí era. Sí era.

—Papá —gritó lleno de felicidad, comenzando a correr—. Ahí viene alguien. Hay un vehículo que viene hacia acá. Vienen a rescatarnos. Ay, papá, papá, todo ha terminado. Nos han encontrado.

Riéndose de felicidad y alivio se regresó por el claro cual flecha hasta donde estaba su padre. Las palabras se le saltaron.

—Rápido, rápido, una camisa —esculcó dentro de una valija—. Una camisa. Algo para hacer señas.

—¿Estás seguro?

—Seguro. Viene alguien. Estoy seguro.

—Gracias a Dios —dijo el señor Harris—. Gracias a Dios. Nos salvaron.

Chris agarró una camisa blanca de la valija e inmediatamente salió corriendo, saltando por el claro, pasó cerca del baobab y se fue lejos, hacia la llanura.

El vehículo continuaba acercándose, su forma se hacía más clara ahora.

—Aquí —gritó Chris, sacudiendo la camisa por encima de su cabeza—. Estamos aquí. Por aquí.

Su corazón martillaba con puro placer animal. En pocos minutos la gran prueba terminaría; la terrible responsabilidad dejaría de reposar sobre sus delicados hombros. En pocos momentos unas manos suaves levantarían a los heridos y todos continuarían su camino, lejos de este horrible lugar de pesadilla, hacia un lugar seguro.

—Ay, rápido, rápido. Estamos aquí. Estamos aquí.

Gritando y agitando los brazos, los pies sin peso de la pura alegría, corrió y corrió y corrió. La forma ya se veía claramente. Pudo ver que se trataba de un Land-Rover. Saltaba y brincaba y bailaba sobre la tierra verde plana hacia él, el espectáculo más hermoso y alentador que jamás hubiera visto. Un Land-Rover.

Un Land-Rover verde oscuro.

La brecha entre el niño y el vehículo se acortó.

—Aquí. Por aquí —sin duda tuvieron que haberlo visto, ¿no? Siguió corriendo, agitando los brazos y gritando.

El Land-Rover se detuvo.

El paso de Chris vaciló. Comenzó a caminar más despacio.

¿Por qué paraban?, se preguntó. Si me vieron seguramente vendrían directamente. Hacia mí, de frente.

Siguió caminando hacia el vehículo.

Otra vez hizo señas con la camisa.

—Ayúdenme. Ayúdenme —gritó.

El Land-Rover no se movió, el motor seguía silencioso y el polvo se asentaba alrededor. El sol se reflejaba en el parabrisas y Chris no podía ver hacia el interior.

La sonrisa de alivio se desvaneció sobre su rostro. Algo andaba mal. Un equipo de rescate estaría ya junto a él, le daría la mano, le preguntaría dónde se hallaban los demás. Este vehículo inmóvil lo asustaba.

Se detuvo, cauteloso y profundamente desalentado, mirando al vehículo.

—Hola —llamó. Se atemorizó al darse cuenta de que la voz le temblaba—. Por favor, ayúdenme. Necesito ayuda.

Nada.

Deseaba poder mirar al interior del carro, pero el parabrisas era un espejo enceguecedor, le hacía arder los ojos.

Instintivamente comenzó ahora a retroceder, terriblemente asustado de este vehículo que de manera tan anormal no daba respuesta, con sus invisibles y silenciosos ocupantes.

¿Qué había sucedido? ¿Por qué no salían? ¿Por qué no se mostraban?

Ya iba a dar la vuelta para regresar corriendo a donde estaba su padre cuando el motor aceleró y un crujido metálico indicó que el conductor había metido el cambio. Chris se congeló, esperando para ver qué iba a pasar.

El Land-Rover comenzó a avanzar, primero lentamente, luego cobró velocidad. Hubo otro crujido cuando el conductor metió el segundo cambio y el vehículo aceleró rápidamente.

—No —gritó Chris—, no se vayan. Son nuestra única posibilidad.

El Land-Rover aumentó la velocidad, avanzando directamente hacia donde estaba parado Chris. A medida que se acercaba, levantó los brazos en actitud de súplica, pero su desesperado "Pare... pare, por favor" final se ahogó en el rugido del motor al pasar el vehículo por delante de él como un trueno.

CAPÍTULO XIII

Todavía estaba oscuro cuando se despertó.

En esa silenciosa tierra de nadie entre el sueño y la vigilia, su mente volaba en círculos como un ave en busca de un lugar donde posarse. De pronto sintió que era transportado hacia atrás, a una ocasión anterior en que se había despertado bajo las estrellas.

Una vez, poco tiempo después de la muerte de su madre, su padre lo llevó a acampar en las montañas de Gales. Ahora, en los primeros segundos de este nuevo día, su memoria lo llevó hacia el pasado. Recordó claramente cómo, muy temprano, se había despertado con el aroma suave del humo de la leña en el aire fresco, y en los mágicos y silenciosos minutos antes de despuntar al alba pensó que podía sentir el olor del sol, apenas debajo del horizonte. Muchas veces después había pensado en esos momentos. Cuando se encontró de nuevo en la ciudad, que nublaba los sentidos, rodeado, como entre una tumba, por inmensos edificios inexpresivos que no dejaban ver la luz clara, en medio del tráfico que asesinaba el silencio y el aire suave, muchas veces se había acordado. Sintió que estaba vivo, más que en ningún otro momento de su vida. Se le agudizaron todos los sentidos; podía ver más lejos, escuchar los más leves movimientos de los pájaros en los árboles, sentir el olor penetrante de la humedad de la tierra, percibir todo el mundo que lo rodeaba con los inquietos nervios de la piel. A menudo, ahogado en los salones de clase, se ponía a mirar por los vidrios mugrosos hacia los patios grises de la escuela, bañados por la lluvia, y deseaba estar otra vez allá, solo en el silencio grato de ese mundo anterior.

Movió la cabeza y miró a las estrellas que iban desapareciendo. Fue el completo y gran silencio de este lugar, decidió, el que lo había llevado otra vez a esa época. Eso y el aroma dulce del fuego que había permanecido encendido toda la noche. Permaneció quieto, asombrado de cómo se daba cuenta de todo, sintiendo un cosquilleo en la piel mientras ésta absorbía mensajes del aire. Canales que habían permanecido inutilizados durante mucho tiempo se estaban abriendo en su interior de manera que los pequeñísimos cambios de la atmósfera, de sonido, de movimientos que no se escuchaban pero sí se sentían, corrían junto con las pulsaciones de su sangre para encender destellos momentáneos de percepción en su cerebro. Y los mensajes que estaba recibiendo de las vibraciones silenciosas del aire lo dejaban intranquilo.

Algo había cambiado.

El lugar producía una sensación diferente.

Lentamente se sentó y miró a su alrededor. Su padre se había quedado dormido, con la espalda contra la roca, una rama sostenida en la mano, lista para arrojarla al fuego. Pobre papá. Había estado resuelto a permanecer despierto toda la noche, resuelto a que, aun impedido y con mucho dolor, haría lo que estuviera a su alcance; cuidaría a su hijo mientras dormía y daría la protección que estaba en condiciones de dar. Pero el agotamiento y la preocupación lo habían vencido. A la luz roja del fuego, las sombras marcaban líneas profundas en su rostro y sus ojos se hundían en dos hoyos negros. Se veía muy viejo, pensó Chris. Aun estando dormido la boca se fruncía a causa del dolor.

Borrosas, a lejos en la llanura, las formas de hongo de las acacias comenzaron a aparecer, negras y misteriosas contra un cielo que se iluminaba en forma casi imperceptible.

Estaba amaneciendo. Pronto tendría que irse.

Se estremeció, en parte por el frío de la mañana, en parte por una repentina sensación de temor que le pasó por el estómago. Un poco tembloroso tomó aire profundamente, controló el temor, y lo contuvo. Ahora no había lugar para el miedo. El miedo nublaba el discernimiento. Cada movimiento, cada decisión en este momento eran como un delicado peso sobre una balanza. La balanza de la vida y la muerte. Cada cálculo tenía que ser frío y racional. Un breve instante de pánico significaría el final de todos.

El temor desapareció. Lo importante era no pensar mucho. Levantarse, hacer las cosas que había que hacer, y partir. No dejar que tome fuerza la idea de lo que pueda suceder. Hacer como los animales: observarlo todo, escuchar todo, dejar que el mundo le diga a uno a través de las puntas de los nervios lo que debe hacer, y luego hacerlo. Fundirse con el lugar. Sentirlo. Y ganarle en su propio juego.

Se puso de pie y se quedó muy quieto y callado. Su intranquilidad persistía. Algo intàngible, algo invisible, e inaudible lo ponía en guardia, le golpeaba a la puerta de la mente. Cerró los ojos para así poder ver mejor lo que estaba lejos, fuera del alcance de la vista. Pero aún no podía decir qué había allí, no podía descifrar la vibración del mensaje. Como un pescador que lanza la carnada trató de lanzar su mente a la llanura, para buscar al león joven. Quizás se había acercado un poco, quizás en el transcurso de la noche había sanado su dignidad y habría regresado.

La llanura permanecía oscura, silenciosa y vacía para la mente escrutadora de Chris. Dondequiera que se encontrara el animal, no estaba cerca. De eso estaba seguro. Cierta malevolencia rodeaba a la bestia, y llenaba el aire tan pesada y tangiblemente como una amenaza de tormenta. Si estaba cerca Chris sin duda lo sabría.

Negó con la cabeza. El mensaje que llevaba el aire no era ése. Su intranquilidad persistía. Trasladó la sensación por el momento al fondo de su mente.

Recogió la botella plástica de agua y cruzó el claro, que lentamente se iluminaba, hasta donde se hallaba el piloto. El hombre se había movido un poco, de modo que la cabeza la tenía inclinada hacia un lado y echada hacia atrás, con la boca abierta. La luz fantasmagórica de antes del alba le daba un tono gris a la piel. Las sombras profundas de los ojos y la boca abierta, negra, convertían la cabeza en una calavera burlona, en efigie de la muerte que aterrorizó a Chris. Pero era sólo un truco de la luz, pues el hombre aún respiraba, aunque no profundamente, en forma rápida y entrecortada.

Con suavidad Chris levantó la cabeza del hombre y la colocó nuevamente sobre la almohada de ropa. Derramó un poco de agua en un pedazo de sábana rota y se lo acercó a los labios rajados, resecos, dejándole caer unas cuantas gotas dentro de la boca. No se atrevió a darle demasiada agua, pues podía reaccionar mal. El hombre se quejó en voz muy baja al sentir el agua y movió la lengua contra los labios. Chris puso su mano sobre la frente del hombre. Tenía la piel fría, húmeda y pegajosa; estaba en un profundo estado de choque. Su tiempo se estaba agotando rápidamente.

—Sólo un poco más —susurró Chris, colocando cuidadosamente el pedazo de trapo húmedo sobre los labios del piloto—. Aguarda un poquito más.

Se quedó parado allí un momento mirando al hombre herido, pensando en él. ¿Quizás habría alguien esperándolo en casa, preocupado y temiendo por su vida? ¿Alguien que estaría en ese momento pensando si volvería a ver a su esposo o su padre?

Lanzó un suspiro y se alejó. No podía hacer nada más por este cuerpo malherido; tan sólo lo que estaba haciendo. Esperaba contra toda esperanza poder salvarlo a tiempo.

Ya la luz aumentaba rápidamente, el pesado gris se volvía plateado en el horizonte. Pronto la primera mitad del sol asomaría por el borde de la llanura y él se iría. Mientras morían los últimos minutos del día anterior había utilizado el sol que se ponía en el oeste para fijar la flecha de su brújula hacia el noroeste. Ahora sólo debía esperar la luz del día para poder encontrar algún punto de referencia distante, fácilmente identificable, que le sirviera de meta.

Regresó rápidamente al cobertizo y se ocupó de sus últimos preparativos. Tomó una de sus camisas de una valija y se la puso sobre la cabeza de manera que la parte de atrás de la misma le quedara colgada sobre la nuca y los hombros como una capa. Cruzó los brazos de la camisa sobre su frente y los amarró en la parte de atrás de la cabeza. Ayer se había podido esconder del sol del mediodía. Hoy, si no tomaba precauciones, éste podría matarlo. Se quitó los zapatos, y de su valija sacó sus viejos y queridos zapatos de entrenamiento. Tres vidas dependían de sus pies; no podía darles ninguna oportunidad de fallar. Los gastados zapatos acomodaron como si fueron otra piel. Les amarró los cordones con cuidado, pero bien apretados. Echó en un viejo morral de lona que podía llevar en la espalda la botella de agua indispensable, la fruta y un pequeño paquete de galletas. Colocó esto en el suelo junto al machete.

Estaba listo. Lo único que necesitaba ahora era la luz.

En el horizonte de plata brotaban como abanico unos rayos largos de oro desde el borde del mundo. La gran llanura comenzó a tomar forma poco a poco ante sus ojos, el suelo se aclaraba minuto a minuto. Los árboles pasaban del negro al marrón suave, mientras sus copas aplanadas recibían la luz vibrante entre sus ramas, que brillaban plateadas, como si estuvieran llenas de luciérnagas.

Respiró profundamente el aire dulce de la mañana. Una vez más quedó asombrado por esa lánguida inmensidad, por la incomprensible y primitiva indiferencia de esta enorme tierra vacía. África, comenzó a sentir, era un grandísimo animal en hibernación, no era una tierra. Era un animal suspendido, embelesado por el tiempo y el silencio; un animal vencido por el estupor, que respiraba sus días en un jadeo tranquilo, suave, mientras sobre su espalda innumerables y diminutos dramas surgían y desaparecían en un parpadeo. Pero ya no sentía temor, no sentía desaliento. Había descubierto, en el extremo de las circunstancias que los habían lanzado a todos a los confines mismos de la superviviencia, que había en lo más hondo de su ser una fortaleza nunca sospechada, porque nunca antes la había necesitado, con la cual podía contar. y esto, decidió, le concedía ciertos derechos. Chris Harris, un pequeño punto de vida entre una rebosante multitud de vidas, había llegado a merecer, en estas pocas y cortas horas de trastorno cataclísmico, su lugar en este planeta. Chris Harris había llegado a merecer, en resumen, el derecho a vivir.

Le dio un último vistazo a su padre y por unos pocos segundos pensó si debía despertarlo para despedirse. Decidió no hacerlo. La noche que se desvanecía lentamente hasta convertirse en día le había dado fuerzas. Nada debía hacer vacilar su confianza ahora. Las despedidas eran demasiado peligrosas. Innecesarias, además, decidió. Ambos conocían los riesgos. Ambos sabían que esto había que hacerlo.

"Entonces, hagámoslo", se dijo Chris para sus adentros, y se agachó a recoger su morral y el machete.

Había llegado el momento.

Respiró profundamente mientras metía los brazos por entre las correas del morral y se lo echaba a la espalda. Dio una breve mirada alrededor del claro. Se lo grabó en la mente. Este lugar, pensó, este extraño y desconocido lugar viviría, con detalle fotográfico, en su mente hasta el final de sus días. Este lugar de dolor y terror se veía menos temible ahora, a medida que la confianza pintaba en él nuevos colores con las rápidas pinceladas de sus ojos.

"La familiaridad crea confianza", se dijo, y sonrió.

No obstante... La intranquilidad que había experimentado antes persistía. Lo carcomía por dentro. Había algo diferente. Había algo en el aire, algo que lo llamaba. Sentía que algo andaba mal en el lugar.

Por última vez trató de cerrar los ojos y de sondear el lugar con su mente.

Pasó la mirada, como una cámara, por todo el perímetro del claro. Sólo había silencio y la leve amenaza de un creciente calor.

Rápidamente volvió la mirada hacia adentro, a las ruinas del siniestro. Nada.

Miró a lo lejos hacia el baobab. Nada.

De nuevo miró a su alrededor. Nada.

Hacia arriba, al kopje.

Hizo una pausa.

Eso era. El cambio estaba allí, en el kopje.

Lo exploró con cuidado ahora, pasando la mirada de roca, en roca tratando de hacer llegar la mente hasta allá para leer lo que estaba escrito. Amarillo bajo la suave luz ascendente del sol, permanecía allí en silencio, en paz.

Entonces lo supo.

La manada se había marchado.

En los días que vinieron después se preguntaría muchas veces cómo había hecho para saberlo. Nunca encontró la respuesta.

Pero ya lo sabía, y en el momento en que lo supo se fue llenando de una gran tristeza.

Pues también sabía algo más.

Que la vieja, cansada y herida bestia cuya mente había tocado tan brevemente la suya en esa fracción de segundo de comprensión, de compenetración, se había quedado allí. Sola.

Se quedó allí parado, mirando fijamente al kopje. Tenía la arrolladora sensación de que su destino estaba de alguna manera ligado inexplicablemente al de esta extraña criatura salvaje. Que el tiempo, la circunstancias, o tal vez el destino, los habían unido.

Llamó al animal.

"Yo sé", dijo con su mente. "Yo sé lo que ha sucedido, lo que está sucediendo. No te des por vencido. Yo no me doy por vencido. Voy a vivir. Tú vivirás también".

Miró intensamente al kopje, tratando de llevar su mensaje mental hasta lo más profundo de las rocas.

"Vive", llamó. "Vive".

Después dio la vuelta, fijó la vista en una colina baja y azul que estaba al noroeste y se fue caminando tranquilamente pero con determinación, hasta que salió del claro. Una pequeña figura que se alejaba hacia la inmensidad del Serengeti.

Y a medida que se alejaba le pareció oír, tan leve que no estaba seguro de si realmente lo había escuchado, un gemido animal de dolor, largo y ronco.

Por el otro lado del kopje, una figura solitaria bajó silenciosa a la llanura.

El fresco de la noche le había entumecido los huesos y se quejaba suavemente al andar.

La herida del costado le dolía. Volvió su gran cabeza para lamerse el dolor. Hecho esto, levantó la cabeza, de nuevo, y sus ojos examinaron las resplandecientes distancias.

Se quedó allí, aguardando.

Una fuerza vibraba en lo más profundo de su interior. Sabía, a medida que su vieja mente analizaba el nuevo día, que todo estaba terminando para él. La batalla con el león joven había dejado una huella, y en su corazón sentía que no sobreviviría a otra más.

Había un silencio solitario en el aire del kopje. Las leonas y los cachorros se habían marchado durante la noche, y el instinto le decía que no estaban simplemente cazando. Lo habían abandonado. Estaban allá en la llanura, haciendo las paces con el joven forastero.

Gruñó en voz baja para sus adentros.

No había, naturalmente, ni tristeza ni remordimiento.

Pero había conocimiento, el conocimiento de que el círculo de su vida estaba casi cerrado. El círculo que había encerrado su desarrollo; los días de la caza y de la muerte; los días en que anduvo vagando por la llanura y estableciendo su propio territorio, después de haber sido expulsado de su manada de nacimiento; los días en que fue padre y protector; los días en que se sintió orgulloso de su manada. Todo eso había terminado.

Y ahora sería desalojado nuevamente. Pronto regresarían las leonas y los cachorros. No regresarían solos. Su adversario vendría con ellos.

Y regresarían a tomar posesión del kopje.

No había ya, él lo sabía, lugar para él allí.

Había llegado el momento en que debía cerrarse la última diminuta brecha del círculo.

Se retiraría en silencio. Se había ganado el derecho a ponerle fin a sus días en paz. A cerrar el círculo con ecuanimidad. A echarse tranquilo y a salvo y dejar que la lucha desapareciera.

Había una enorme ansiedad dentro de él. El ansia de regresar. No estaba seguro, de a

dónde debía regresar, pero su instinto empezaba a recordar el lugar. El lugar anterior a éste, el lugar anterior a los años de búsqueda nómada, el lugar de su juventud y su crecimiento.

El lugar donde nació. Allí regresaría a morir.

Y así, mientras la luz tibia del día comenzaba a levantar las brumas fantasmales de Serengeti, él esperaba. Una espera largas, larga hasta que el instinto, la memoria ya muerta, despertó y le indicó el rumbo.

El instinto guía. El instinto que le mostraría el camino a casa.

Finalmente la grande y cansada cabeza se volvió un poco. Los inquisidores ojos de ámbar se quedaron quietos y se fijaron en una baja colina azul que brillaba en la distancia.

Y comenzó a alejarse, lentamente pero con determinación, del kopje. Una vieja, descolorida y vacilante figura que se alejaba hacia la inmensidad del Serengeti.

Al alejarse terminó un gemido débil, largo y ronco, mitad de furia, mitad de dolor.

Sin tristeza, sin remordimiento; los animales no sienten estas cosas.

Sólo el gemido instintivo de un viejo animal atormentado.

CAPÍTULO XIV

Apenas iban a ser las ocho, sin embargo el sol ya estaba sobre ellos y el metal del Land-Rover se había calentado tanto que no se le podía tocar. El estadounidense se había encaramado sobre la llanta de repuesto en la cubierta del motor, donde permanecía sentado mirando desconsolado el vacío a su alrededor, con los ojos achicados por el resplandor. Finalmente asintió para sus adentros y dio su veredicto.

—¡Carambas! —dijo, y se quedó callado otra vez.

Se encontraban a poca distancia al norte de la colina de Naabi, detenidos en el camino de tierra rojiza que conduce hacia el norte, a través de Seronera y Lobo, hasta la frontera con Kenya. Bennie pisaba con irritación una bomba de pie para inflar una deprimente llanta trasera, y murmuraba para sí en swahili, en voz baja pero con vehemencia.

—¿Qué diablos está murmurando?

—Está explorando la posibilidad de que el fundi que reparó nuestros pinchazos en Arusha haya nacido de una unión que no fue santificada por el matrimonio —respondió Mike, que estaba parado en el techo examinando la llanura a su alrededor a través de sus binóculos.

—Mmmm. Eso se puede aplicar a muchas personas que conozco —dijo Hyram—. ¿Por qué él en particular?

—Si uno no vigila cada uno de sus movimientos le pinchan los neumáticos buenos y los reemplazan por otros gastados, inservibles, que ya tienen cien parches. Debieran enviar aprendices de magos a este país. Lo que los tanzanos no saben de prestidigitación no vale la pena. Pueden meterle a uno las manos en los bolsillos sin necesidad de acercarse a menos de 20 pies.

Bennie maldijo en silencio su aprobación y siguió pateando irascible.

—En fin, vamos al grano —continuó el turista—, ¿usted ve algo?

—Nada —respondió Mike—. Absolutamente nada.

—Maravilloso —Hyram escupió enojado al polvo rojizo—. Yo pensaba que ustedes los Grandes Cazadores Blancos supuestamente eran capaces de seguir cualquier rastro. Siguen huellas de excrementos de animales y cosas de ésas, y ven detalles pequeños que la gente común como yo no ve, como pasto doblado y ramas rotas. Yo lo sé, he visto a John Wayne hacerlo. Y nosotros aquí. Por allá lejos hay una maldita tonelada y media de Land-Rover retumbando por toda esta tierra, dejando una marca como la de un tanque Sherman, y la hemos perdido.

Mike continuó su búsqueda de 360 grados, volteando lentamente.

—Le tengo noticias —replicó—. Esto no es como las películas, es la vida real. Y yo no soy Davy Crockett.

—Obviamente —contestó Hyram, sin malicia.

Volvió su mirada hacia Bennie, que transpiraba copiosamente.

—¿Y usted? ¿Usted sabe dónde están? Se supone que ustedes los africanos saben de esas cosas. El estar en armonía con la tierra, el oído fino, el sexto sentido, las fuerzas oscuras que no puede percibir el hombre blanco y todo eso.

—Yo no, bwana —sonrió Bennie. Le empezaba a agradar este hombre burdo con los pies sobre la tierra y su extraña forma directa de hablar—. Soy un hombre de la ciudad. Lo único que sé hacer es conducir Land-Rovers. Hago sólo lo que me ordenan.

—Casi siempre —agregó una voz desde la parrilla en el techo del carro.

—Casi siempre —aprobó Bennie.

Hubo una pausa, el silencio de la llanura interrumpido sólo por el chirrido y el silbido de la bomba de pedal.

El estadounidense manoteó distraídamente a un mosquito en su pierna, luego empezó a cantar en voz baja: "Aquí estamos sentados como aves en el desierto, como aves en el desierto, aves en el desierto".

—Ay, por amor al cielo —respondió Mike con impaciencia, bajándose del techo del automóvil—. Le dije anoche que no se puede hacer nada. Estos tipos son profesionales, pasan la vida huyendo de la policía, la aduana, las patrullas que vigilan la caza, los ciudadanos, todo el mundo. Sus negocios y sus vidas dependen de su capacidad de huir, de esfumarse. Si se les escapan a los demás, ¿qué posibilidad tenemos nosotros?

—Sí, sí, lo sé. Parece estar tan cerca, pues, tan lejos, si me entiende lo que le quiero decir. Es decepcionante. Lo que hicieron allá atrás es la peor cosa que jamás haya visto. Espero que me entienda. No he vivido encerrado. He visto matar animales. Vi matar hombres en Corea. No me enloquezco por hacer valer los derechos de los animales, ni nada de eso. Pero de todas maneras no lo puedo explicar muy bien, de todas maneras existe lo justo y lo injusto. Lo que sucedió no fue justo. En cierta forma me ofende.

—No tiene que explicarlo —dijo Mike, devolviendo sus binóculos al estuche—. Conozco ese sentimiento.

—Yo sé que usted sabe —continuó Hyram—. Y sé otra cosa. Cuando usted les disparó, eso no fue un aviso, no fueron tiros bajos para herir. Si hubiera podido, los habría matado. Los habría tumbado uno por uno y habría disfrutado cada segundo.

—Cada segundo —asintió Mike, inexpresivo, al recordar su repugnancia, su ira ciega y su odio por esa matanza sin sentido, sin reflexión.

Miró inquisitivamente al estadounidense. La experiencia compartida de ayer, el horror y el desagrado que compartieron, les revelaron más de cada uno a los dos de lo que mucha gente aprende de los demás en una vida entera. Al mirar los hombros encorvados, el rostro pálido y los ojos llenos de lágrimas del francote y ruidoso turista ayer, cuando presenciaban esa horrible escena de carnicería, Mike se había sentido profundamente conmovido por ese hombre. No era en absoluto lo que su superficie mostraba, y el hombre debajo de la fachada merecía respeto y atención.

—Usted tiene algo en mente, ¿verdad? —preguntó—. Empiezo a reconocer ciertos signos en usted. Hay algo más que quiere decir, ¿no es así?

—Sí —respondió Hyram—. Tengo algo más que decir. Pero no voy a decirlo porque usted me romperá la boca si lo hago.

Mike lo miró, pensando si estaría hablando en serio. Decidió que tal vez sí.

—Dígalo de todos modos, yo trataré de frenarme.

El estadounidense hizo una pequeña pausa, luego asintió.

—Bien, señor Taylor. Aquí viene. A ver cómo le cae.

Con cuidado se deslizó de la llanta de repuesto a la cubierta del motor y se sentó mirando fijamente a Mike

—Usted tiene una debilidad. Yo la he visto antes, en el ejército. Es una debilidad peligrosa, y usted sabe que la tiene, y es por eso que perdimos a esos tipos —hizo una pausa para medir el efecto que producía.

—Continúe —dijo Mike. Sintió que los labios se le apretaban mientras lo decía y tuvo la sensación de que el color se le subía a las mejillas—. Aunque creo que sé lo que va a decir, y podría perfectamente "romperle la boca", como usted tan delicadamente lo pone.

—Ahí va otra vez. ¿Ve? Ahí está la prueba. Eso era lo que le iba a decir. La ira. Ésa es su debilidad. Ahora en cualquier momento usted va a empezar a patear por todas partes como un lunático en una celda forrada, botando cosas dentro y fuera del Land-Rover, nos va a comer vivos y va a mandar a ese conductor suyo a todas partes a la vez. Así como hizo ayer.

Se bajó del Land-Rover y se paró frente a Mike.

—Pues si así es como usted quiere las cosas, sigamos adelante. Metámonos en el maldito Land-Rover, dirijámoslo hacia ninguna maldita parte y vámonos hacia allá a cien malditas millas por hora. Y cuando lleguemos a ninguna parte nos podremos sentar allí a pensar dónde diablos estamos y por qué no encontramos a esos malditos cazadores bandidos. Como hicimos ayer. Y como estamos haciendo ahora.

Los dos hombres se miraron, frente a frente, en silencio por un momento. Bennie se quedó ahí congelado, con la boca abierta y una pierna todavía apoyada en la bomba del pedal, esperando la inevitable explosión violenta, que milagrosamente nunca llegó. Hubo una pausa larga, larga, durante la cual Mike siguió parado allí como una estatua, con los puños cerrados, los nudillos blancos. Lentamente el rubor y la rigidez comenzaron a desaparecer de su rostro. Dio la vuelta y se alejó un poco, dándole la espalda al estadounidense.

—Fiuu —dijo Bennie, y negó con la cabeza.

—Fiuu —dijo Mike Taylor finalmente—. ¿Algo más?

—No, eso es todo por ahora —dijo simplemente el estadounidense.

—Muy bien —Mike dio la vuelta y, oh sorpresa, estaba sonriendo. La franqueza del hombre había derrotado su ira. Tenía razón, naturalmente, y Mike lo sabía muy bien. Un defecto que lo había seguido a lo largo de toda su vida y que había tratado una y otra vez de controlar, y casi siempre había fallado. En sus 50 años esta falla, esta ira ciega ante la crueldad y la matanza insensata, lo había conducido hacia otros peligros y, sobre todo, hacia más fracasos de lo que él quisiera admitir, inclusive ante sí mismo.

Había otro componente en esta ecuación. La ira conduce al fracaso. El fracaso conduce a la culpabilidad. La culpabilidad conduce a más ira. En alguna parte el círculo, un verdadero círculo vicioso, tiene que romperse y permitirle el paso a la reflexión racional. Este casi- extraño le había dicho algo que sus amigos, si todavía le quedaban algunos, nunca se habrían atrevido a decirle de frente. Este hombre había puesto su dedo en el nervio y roto el círculo.

—Está bien —dijo Mike—. Acepto la crítica. Supongo que todo esto conduce a algo. El discurso no era para beneficio de mi salud psíquica. ¿Quiere llegar al grano?

—Mmm, sí. El punto es éste. Existe lo justo y lo injusto. No me gusta lo injusto. No me gusta lo que vi, y cada vez que pienso en eso se me revuelve el estómago. Y usted iba a sugerir que abandonemos la cacería y regresemos al maldito hotel y dejemos escapar a esos tipos.

—Hemos perdido la pista —gritó Mike exasperado—. Cielos, perdimos la flamante pista. ¿Qué quiere que haga, que me pare y grite "Regresen, están arrestados" y espere que vuelvan?

—Podemos sentarnos y hablar de posibilidades. No soy un tonto. Yo sé que no es muy probable que los encontremos, pero sí le digo que dormiré mejor si hacemos un último intento por encontrar la pista nuevamente. Y yo me habría sentido mucho mejor si una sola vez, una sola, me hubiera preguntado qué pensaba o qué quería hacer, en lugar de salir rugiendo por todo el maldito territorio con esa mirada de querer matar el parabrisas a patadas.

Mike tuvo que reírse. El cuadro era totalmente exacto, le era demasiado conocido como para ofenderse.

—De acuerdo —dijo después de una pausa, y le tendió la mano al estadounidense. Se estrecharon la mano—. Tiene toda la razón.

Me comporté como un niño mimado. Le pido disculpas.

—No tiene que pedirme disculpas. Sólo dígame que podemos hacer un último intento antes de regresar.

—Está bien —convino Mike—, pero sinceramente las posibilidades son una en un millón. Pueden estar en cualquier parte.

—Estos tipos no son tanzanios, ¿cierto?

—No. Somalíes. Eso no nos ayuda. No regresarán allá hasta vender el marfil.

—¿Y dónde lo harán?

—Depende de lo desesperados que estén. Si están realmente desesperados lo pueden vender en Tanzania o Uganda, pero los precios no son tan buenos. Los grandes comerciantes de marfil están en Nairobi. Y pagan en dólares gringos; es lo que esta gente quiere realmente. La mitad de las monedas de los países africanos no valen nada; los dólares de los Estados Unidos lo convierten a usted en un hombre rico, puede gastarlos en cualquier parte. Esos colmillos que llevan valen su peso en radios transistores, relojes de pulsera, jeans y toda la basura que les hemos enseñado a los africanos a necesitar.

—Entonces deben estar yendo hacia Kenya. Se supone que no podrán simplemente llegar a la frontera con seis pies de colmillo asomados por la parte trasera del vehículo y dos tipos sangrando.

—No pasarán cerca de los puestos de la frontera. Tendrán un sinnúmero de lugares por donde pueden cruzar sin ser vistos. Vaya usted a saber cuál de todos escogerán.

—Bien. Entonces pensemos un momento. Colóquese en el lugar del conductor. Va de prisa con dos hombres heridos. Calcula que nosotros les habremos informado a las autoridades y que habrá gente buscándolas en los dos lados de la frontera. ¿Qué haría usted si estuviera en esta situación?

Mike pensó un momento.

—No me preocuparía por cruzar inmediatamente. Pensaría en conseguir ayuda para los heridos. Sería mejor hacerlo en Tanzania, pues las heridas de bala provocarían más dudas en Kenya que aquí. Y pensaría en dejar pasar unos días para que las cosas se enfríen antes de tratar de llegar a la frontera. Bennie, trae el mapa, ¿quieres?

—Sí, jefe —Bennie metió la mano por la ventana del Land-Rover y sacó un papel con varios dobleces, que abrió sobre el jeep.

—Aquí está Seronera —Mike colocó su dedo en el mapa—. Ayer avanzamos por este camino que pasa más abajo de Nyabogati. Es una aldea maasai de unos cien habitantes más o menos. Nos desviamos hacia el sur antes de llegar al camino a Wasso.

Siguió indicando con su dedo en el mapa.

—Sería por aquí donde vimos la migración de ñus, entonces calculo que encontramos a los cazadores furtivos en este lugar —colocó su dedo en la T de "Serengeti".

—Exacto —Hyram tomó el hilo de la conversación—. Entonces usted les dejó su pequeña tarjeta de visita, pero ellos no tenían deseos de quedarse a su fiesta y se lanzaron hacia el oeste, ¿tengo razón?

—Sí, es correcto. Pero no creo que siguieran hacia el oeste; debieron devolverse.

—¿Por qué lo dice?

—Ellos no van a querer cruzar la carretera principal Ngorongoro-Seronera. Es un camino muy transitado; van a tratar de evitarlo por temor a ser vistos. Yo opino que tan pronto se alejaron de nosotros tomaron rumbo al norte. Mire, no hay nada entre estos dos caminos, ni una aldea, ni un caserío de ninguna especie, salvo Nyabogati, entre este sitio y la frontera con Kenya.

Comenzó a doblar el mapa.

—Eso es lo que yo pienso. Están por aquí

en alguna parte, cerca de Nyabogati. Es una población bastante grande, en relación con Serengeti, y allí habrá un curandero local donde podrán comprar alguna poción mágica o algo para las heridas. Se esconderán en algún lugar cercano y luego, en unos pocos días, cruzarán la frontera secretamente de noche y llegarán a Nairobi cuando todavía esté oscuro.

—Si no los detenemos —dijo Hyram, pensativo.

—Si no los detenemos —aceptó Mike—. Mire —agregó—, yo sé lo que siente, y comprendo perfectamente por qué quiere hacer algo al respecto. Pero una cosa es mirar el mapa y hablar, otra cosa es encontrarlos. Todo lo que yo puedo hacer es esto. Partiremos hacia Nyabogati. Nos iremos despacio y mirando con cuidado. Pero apenas lleguemos a Nyabogati, no más. Si no los hemos encontrado de aquí a entonces, nos preparamos para regresar a Seronera directamente, ¿de acuerdo?

—¿Quién va a pagar este maldito safari? —preguntó el estadounidense.

Mike se encogió de hombros con resignación.

—Está bien, entonces. Si lo dice así. ¿Qué sugiere?

—Sugiero que nos vayamos hacia ese sitio Nya que usted menciona. Sugiero que vayamos despacio y mantengamos los ojos abiertos. Y sugiero que si no encontramos nada hoy nos preparemos para regresar directamente a Seronera.

Mike lanzó un suspiro de impotencia y movió la cabeza de un lado al otro.

—Maravilloso —dijo—. Me parece maravilloso el plan. ¿Por qué no se me ocurrió a mí?

—Bien, ahí lo tiene. Sólo necesitábamos usar un poco el cerebro y perseverar. Si ya terminó de estar ahí parado perdiendo tiempo y jugando con las llantas, quizás podríamos partir. ¿Por qué no sentamos a ese hombre suyo arriba en el portaequipajes? Tendrá más posibilidades de ver las huellas de las llantas desde allá.

—Bennie —ordenó Mike—. Súbete.

—Ah, bwana, no, por favor. En el techo no.

—Bennie, ya tengo suficiente de estar discutiendo con este hombre irrazonable, completamente terco y grosero. Te pido que por favor le des gusto y hagas lo que se te dice.

Habló por entre los dientes apretados.

Hyram sonrió de felicidad.

—Hay un billete de 20 dólares en mi billetera que tendrá tu nombre escrito si llegas a ver algo —agregó para estimularlo.

—¡Veinte dólares! —exclamó Bennie—. Veinte dólares norteamericanos —ya estaba subiéndose al portaequipajes en el techo mientras hablaba—. Vámonos, jefe. ¿Qué estamos esperando?

—Sí, en verdad —dijo Mike con un aire de hombre derrotado, ¿qué estamos esperando?

Y se sentó en el puesto del conductor y encendió el motor.

El estadounidense se quedó parado un momento mirando fijamente el horizonte.

—Bueno, señores —dijo a las montañas en la distancia—, empiecen a orar. Ya vamos por ustedes.

Mike metió el cambio y el Land-Rover comenzó a moverse hacia adelante lentamente.

—¿Viene? ¿O se va a quedar ahí parado hablándole al pasto? —llamó.

Hyram abrió la puerta y se subió al vehículo, que se seguía moviendo. Cuando cerró la puerta Mike aceleró y continuó por el camino, luego desvió el Land- Rover del polvo rojizo al pasto.

—Derecho al norte —dijo—. Lento pero seguro.

—Eso es.

—20 dólares —dijo Mike pensativo—. Si Bennie no los encuentra por 20 dólares entonces no están aquí.

—Entre otras cosas —agregó después de una pausa—, ¿usted sabe disparar?

—Cielos —dijo el estadounidense—. Me pregunta si sé disparar.

Escupió fastidiado por la ventana.

—Soy neoyorquino. En Nueva York cuando uno nace ya sabe disparar. Encuentre a esos tipos y basta, luego hablaremos de quién sabe disparar.

—Usted manda —dijo Mike. Y se concentraron en la laboriosa tarea de conducir campo adentro, mientras el suave canto quejumbroso del Land-Rover subía y bajaba delante de ellos.

CAPÍTULO XV

Hay una sensación que causa molestia a todos los viajeros solitarios, y le estaba golpeando en la mente a Chris mientras caminaba.

La sensación de que no estaba solo.

Como es natural, el viajero del Serengeti nunca está solo. Cada paso que Chris daba era seguido por muchos ojos calculadores. Él no veía a muchos de ellos, pues la mayoría estaban ocultadas en los árboles, en los pastizales o en la inmensa distancia; pero todos lo veían. Algunos eran temerosos y salvajes, sus dueños estaban listos para huir si él cambiaba su rumbo. Otros se achicaban y le lanzaban a través del aire flechazos de malicia.

Pero muy rápidamente se volvieron indiferentes. En medio de multitudes, él no le importaba a nadie. En medio de multitudes, nadie lo molestaba.

Chris pronto aprendió esta lección. Temeroso al principio, se acercó a las grandes manadas de antílopes, de gacelas y de ñus con cuidado, sólo para encontrar un cuadro que se repetía una y otra vez. Un cuadro de cabezas erguidas, alerta, ollares bien abiertos para percibir su intención, luego una veloz desbandada y un congregarse de nuevo fuera del peligro. Y el camino, como el Mar Rojo, se abría para darle paso.

Pero había algo más. La extraña sombra que vibraba a poca distancia del campo visual del rabillo de su ojo; la presencia detrás de él que le erizaba los pelos de la nuca, pero que no estaba allí cuando él volvía la cabeza ansioso no estaba allí; el movimiento del pasto no causado por el viento; el grito que creía escuchar a lo lejos.

Y así, aunque la confianza aumentaba a medida que las millas se acumulaban bajo sus pies, ésta era moderada por una constante e instintiva vigilancia. Unos diminutos pinchazos de temor lo estremecían y lo hacían desviar su camino ante la presencia de ciertos árboles, ciertos hoyos en el suelo, ciertos montecillos. Por qué, no lo sabía, pero sus sentidos lo obligaban a detenerse, escuchar, diferenciar entre la seguridad y el peligro, y luego planear sus movimientos en consecuencia.

Era fácil caminar por allí. En circunstancias más felices, menos urgentes, habría sido un placer. Millones de años antes, cuando el mundo era fuego, las explosiones titánicas de Ngorongoro, Oldonyo Lengai y Meru dejaron sobre esta llanura una capa gruesa de polvo y cenizas volcánicas. Con el tiempo se convirtió en una alfombra fértil, florecida. Caminar sobre ella era como andar sobre un fino prado. Chris sentía el cuerpo liviano, y andaba con paso rítmico y tranquilo.

Y poco a poco la baja colina azul se le acercaba más. Cuando llegara allí podría mirar hacia el kopje que había dejado atrás y fijar otro punto de referencia como meta para seguir adelante. Tarde o temprano encontraría la carretera y estaría fuera de peligro.

Por la posición del sol calculó que serían las once de la mañana. El calor aumentaba y la cortada en su cabeza empezaba a palpitar levemente. No lo suficiente como para hacerlo andar despacio, pero sí para molestarlo. La camisa que se había amarrado en la cabeza como protección le rozaba la herida abierta. Decidió descansar unos minutos y se dirigió hacia un solitario baobab que se levantaba como un enorme mendigo harapiento que imploraba con los débiles brazos abiertos por una maraña de andrajos. El viejo árbol, con su grueso tronco, lanzaba sobre el suelo una fresca cueva sombría donde él podía escapar momentáneamente del resplandor. Agradecido se metió allí, se sacó de los hombros el morral y se sentó. Se quitó la camisa de la cabeza y la extendió sobre las rodillas, retiró su preciosa botella de agua del morral y con cuidado, para no desperdiciar el agua, mojó la camisa. La dobló cuidadosamente y se la volvió a amarrar a la cabeza. La frescura de la tela le calmó inmediatamente la palpitación de la herida, entonces suspiró con alivio y se recostó contra el tronco del árbol a descansar.

Sentado ahí se puso a mordisquear una galleta y a disfrutar el poder estar quieto y no tener que vigilar. El árbol y la sombra en cierta forma transpiraban seguridad, aunque provisional, aunque ilusoria.

"Como un animal que encuentra su guarida", pensó Chris.

En ese capullo de sombra y silencio, se sintió extrañamente protegido por el árbol. Movió la cabeza y miró el enorme tronco que se alzaba por encima de él. La corteza colgaba como largas tiras de piel desprendidas del cuerpo. Las grandes y profundas heridas que le habían dejado los colmillos de los elefantes exhibían la pulpa, blanca y fibrosa. Un aroma suave, como de fruta, rodeaba el árbol, como un huerto en otoño cuyos frutos demasiado maduros aún no han sido recogidos y comienzan a fermentarse. Chris halló el aroma curiosamente somnífero y cerró los ojos un momento, regocijándose en el silencio perfumado y sombrío.

Los párpados se le cerraron.

Un breve sueño no haría daño.

Había caminado, calculaba, por más de cuatro horas.

La siguiente hora lo encontraría en la colina.

Pronto llegaría la parte más caliente del día, durante la cual en todo caso no debía caminar.

Sólo un sueño corto.

Allí no había peligro.

Todo se duerme a medida que se acerca el mediodía.

Su cabeza comenzó a inclinarse hacia el pecho.

Los ojos se le cerraron.

En los últimos segundos antes de que lo venciera el sueño, pensó que había escuchado, por un instante o dos, un zumbido bajo a los lejos.

Pero fue desapareciendo, y no se oyó más.

Durmió.

El león ya caminaba con mucha dificultad. El olor de la sangre que manaba de la herida profunda en su costado atraía a las moscas tsé-tsé. Cubrían la cortada, obscenas, moviéndose como gusanos, un negro tumor hirviente que le mordía la piel. Ignoraban el vaivén de su cola. Periódicamente se echaba al suelo y con furia las lamía y trataba de espantarlas. Pero el alivio no duraba mucho. Tan pronto se levantaba y reiniciaba su dolorido y persistente peregrinaje se abalanzaban de nuevo sobre él, se le lanzaban encima perforando su carne, causándole ira y fatiga.

Y ya su fatiga era casi total. Mantenía la cabeza agachada al caminar. Parecía vencido. Hasta las tímidas gacelas sentían que ya no debían temerle, y en lugar de dispersarse como bandadas de pájaros asustados al verlo llegar, simplemente se apartaban en silencio y continuaban pastando mientras él pasaba. El rey ya no parecía un rey. Sus súbditos ya no se inclinaban ante él.

En todo caso ya no se ocupaba de ellas. Sólo una idea lo preocupaba en este momento, una voz que lo llamaba con persistencia inexorable. Desde algún lugar perdido en la bruma de la distancia latía, con un ritmo constante, un corazón-sirena que le pedía regresar a casa. Latía alrededor de él y dentro de él y se apoderaba de sus funciones. Era el latido de su corazón. El latido dominaba cada uno de sus pasos. Como un paciente moribundo en un aparato que prolonga la vida, el latido distante se convirtió en su propio latido, que lo llevaba de un paso fatigado a otro. Un progreso lento y vacilante hacia la baja colina donde finalmente podría echarse en paz y terminar su vida con dignidad y tranquilidad.

Necesitaba descansar otra vez. Los mosquitos y el creciente calor de la media mañana estaban atormentando su herida. Sintió el olor del agua y se desvió de su camino, recto como flechazo, para bajar a una pequeña hondonada donde había un estanque de agua fresca, clara. Una cebra solitaria que se asustó al verlo llegar, huyó veloz, luego volvió a mirar a la anciana figura que bebía agradecida. Unas sombras revolotearon por un momento sobre la superficie del agua al cruzar, por encima de él, dos silenciosos buitres, que batiendo sus alas se posaron bruscamente sobre un espino. Gruñó una advertencia, pero tanto ellos como él sabían que era una amenaza ficticia. Atraídos por la seguridad de la muerte, permanecerían a su lado, los únicos e implacables testigos de sus últimas horas. Vigilaban y esperaban con una terrible y voraz paciencia.

Se metió al agua poco profunda y dejó que su costado lastimado se sumergiera suavemente dentro de la frescura del estanque. Los mosquitos se apartaron de la herida y zumbaron furiosos en torno a él unos minutos. Les lanzó unos mordiscos con cierto desaliento hasta que finalmente lo dejaron tranquilo y se dispersaron, llevándose su sangre con un fuerte zumbido, para ir en busca de alguna otra víctima.

El agua fresca le trajo alivio inmediato a la herida. Recostó su gran cabeza cansada sobre la orilla del estanque y cerró los ojos. En este lugar no había ningún peligro para él. A medida que el día se arrastra pesadamente hacia el mediodía todas las cosas se duermen.

Empezó a dejarse llevar por el sueño.

En los últimos segundos antes de que lo venciera, sus orejas temblaron al percibir el sonido de un murmullo bajo a lo lejos.

Pero poco a poco se desvaneció, y no luego se detuvo.

Durmió.

El sueño de Chris era tan profundo que el suave ronroneo del Land-Rover al acercarse el árbol no lo despertó. Tan profundo que el sonido metálico de la puerta pasó desapercibido, lo mismo que los cuchicheos presurosos y urgentes. Su sueño fue interrumpido por un dolor agudo en la pierna causado por una fuerte patada.

—Ah, mzungu —ladró una voz áspera—, te encontramos otra vez.

Sorprendido y desorientado por un segundo, Chris gritó al despertarse; un aullido instintivo y casi animal de miedo. Mientras dormía se había volteado sobre el costado. Abrió los ojos y no vio nada.

—Siéntate, niño blanco —gruñó la voz, cargada de amenaza, detrás de él.

Un terror agudo lo atravesó. Aulló de nuevo al sentir que algo duro le aguijoneaba la espalda, y se volteó desesperado. Al voltearse miró hacia arriba, temblando de susto. Su mente se entumeció por un segundo cuando se dio cuenta de lo que veía.

Frente a él se levantaba la enorme figura de un hombre negro que llevaba puestos unos pantalones cortos de color caqui, y en la mano el rifle que acababa de chuzar a Chris en la espalda. Detrás de él, no lejos del árbol, estaba el Land-Rover verde oscuro que tan misteriosa e insensiblemente había pasado cerca de él ayer.

El hombre sonreía. No era una sonrisa de bienvenida, era una sonrisa calculadora, burlona.

—¿De dónde sales todo el tiempo, niño blanco? ¿Eh?

Chris guardó silencio, entumecido por el choque.

—Así que el niño blanco no habla —sonrió con una mueca grande de desprecio, dejando ver los dientes negreados, afilados en puntas agudas. Su boca extrañamente salvaje aumentó el temor de Chris, por su aspecto tan raro.

—Quédate ahí sentado, niño blanco. No te muevas. No hagas ningún ruido.

Dijo algo en otro idioma, y la puerta de

pasajeros del Land-Rover se abrió con un clic. Apareció otro hombre, recostado contra el asiento, su pierna amarrada con un vendaje bastante manchado de sangre. Se movió con dificultad para poder mirar al muchacho. La expresión de su rostro era menos maligna, menos fríamente burlona, y su voz, cuando habló, menos dura que la de su compañero.

—¿Qué haces aquí, muchacho? ¿A dónde piensas ir?

—Por favor —dijo Chris, su voz un poco aguda y temblorosa a causa del temor—, por favor, tuvimos un accidente. Nuestro avión se estrelló allá atrás, cerca de unas rocas, —señaló en dirección al kopje—. Hay dos hombres heridos, mi padre y el piloto. Tengo que buscar ayuda. Por favor, ayúdenme. Por favor, sólo llévenme hasta donde pueda conseguir ayuda... Podríamos pagarles —agregó para reforzar.

Se detuvo y observó sus rostros, pero no logró ver nada en ellos. Todavía se veía la mueca salvaje de la sonrisa en el rostro del hombre que estaba más cerca de él, el cual dijo después de una breve pausa:

—Ah, sí, muchacho, creo que tú nos pagarás —hizo un ruido seco con la garganta.

—Te quedas ahí —gruñó otra vez y, volviéndole la espalda a Chris, se dirigió a paso largo hacia el Land-Rover. Chris observaba cuidadosamente mientras los dos hombres hablaban en voz baja. Trató de dejar de temblar, pero le era imposible. De repente pensó en correr, ¿pero con qué objeto? El Land-Rover lo alcanzaría sin esfuerzo. ¿Y hacia dónde iba a correr, acaso?

Estaba a merced de ellos, y estos hombres no parecían tener misericordia. Los colmillos de elefante en la parte de atrás del vehículo y el vendaje manchado de sangre le daban a entender que estos hombres eran peligrosos. Pero ni tipos como éstos, pensó, podrían negarse a prestarle ayuda a un niño, desesperado y solo, que estaba luchando por su vida y las vidas de otros. No podrían negarse a hacerlo. ¿Verdad?

Los hombres estaban conversando en un tono de voz tan bajo que él no podía oír lo que decían. En todo caso no estarían hablando en inglés, decidió. Pero había algo en la urgencia y la seriedad con que hablaban que hacía sentir a Chris bastante intranquilo.

Finalmente, el hombre herido le habló.

—Está bien, muchacho. Ven. Te llevaremos con nosotros. Te llevaremos hasta donde puedas conseguir ayuda.

Aunque la voz era calmada y no indicaba amenaza alguna, el alivio que ha debido invadir la mente de Chris no llegó. Las palabras eran correctas, exactamente lo que él había esperado escuchar.

Las palabras eran correctas. Pero el mensaje estaba errado. Los ojos expresaban la verdad, y estos ojos permanecían fríos. No había en ellos conmiseración, no había compasión, nada que se ajustara a las palabras.

Las palabras mentían. Lo llevarían, sí. Pero para ayudarse ellos mismos, no para ayudarle a él.

De repente todo se aclaró. Lo utilizarían. Estos hombres, criminales obviamente, lo necesitaban para escapar. Él era su pasaporte. Pasarían por donde quisieran, sin obstáculo y sin sufrir daños, porque llevaban a un pequeño niño blanco para negociar su libertad.

Ésa era la verdad.

Demasiado asustado para pensar en forma racional, esta verdad se le clavó como una lanza. Éste sería el final de todas sus posibilidades. Sería su fin, y el fin de los hombres que dependían de él. Vio claramente que si se iba con estos tipos nunca sería liberado con vida.

No importaba ahora que no hubiera un

lugar hacia donde correr. Su mente le decía que huyera. En un instante se puso en pie. Y antes de que se formara en los rostros de los dos hombres la ola de sorpresa ya él se había alejado, corriendo; el pánico ciego mandaba adrenalina a todo su cuerpo. En el viento veloz que le pasaba por los oídos, escuchó el grito de una orden. Lanzó una mirada hacia atrás por encima del hombro y vio que el hombre con la escopeta daba un paso adelante y se llevaba el arma al hombro.

—Detente —gritó—. Detente o disparo.

Chris comenzó a moverse en zig-zag, corriendo a toda velocidad, con el corazón golpeándole en el pecho. Tres pasos a la derecha, tres a la izquierda. Oyó el estallido agudo de un tiro y luego, un microsegundo después, un silbido de aire cuando la bala pasó muy cerca de él. Había sobrepasado el temor. Su mente había bloqueado todo menos el mandato urgente a su cuerpo de huir. Corría moviéndose de un lado para otro, en espera del segundo tiro; corría como no lo había hecho nunca, sus pies golpeando la tierra suave mientras los brazos subían y bajaban con fuerza para darle toda la velocidad de que su cuerpo era capaz.

El segundo tiro no llegó.

Miró rápidamente por encima del hombro otra vez, un vistazo de una fracción de segundo. El hombre había abandonado el Land-Rover y venía persiguiéndolo a pie.

Su cerebro comenzó a trabajar nuevamente. Esto había sido un golpe de suerte. Si el hombre hubiera tenido la gran idea de meterse en el Land-Rover inmediatamente, todo se habría perdido. Lo habrían alcanzado en minutos. Pero ahora había una posibilidad, aunque muy pequeña. Chris era joven, y muy veloz. El hombre tendría que ser realmente muy ágil para poder alcanzarlo. Y cuando se diera cuenta de que no podía lograrlo y regresara al Land-Rover para perseguirlo, Chris habría puesto una buena distancia entre los dos. Quizás entonces se podría esconder hasta que ellos se dieran por vencidos. Ya había una distancia de varios metros entre ellos dos. Todavía se dirigía hacia la colina que había sido su punto de referencia toda la mañana. Si lograba pasar al otro lado tal vez encontraría un lugar para esconderse. Desde la colina quizás podría ver el camino que estaba buscando.

Sólo quedaba una cosa.

El arma.

No había tenido tiempo cuando miró hacia atrás de darse cuenta si el hombre aún tenía la escopeta. Rápidamente dio un vistazo, achicando los ojos para protegerse del resplandor del sol, para obtener su respuesta.

Pero esto fue fatal. En los breves segundos en que sus ojos no vieron el suelo delante de él, su pie se hundió en la tierra, y se el le torció el tobillo con tanta fuerza que le hizo perder el equilibrio completamente. Se fue al suelo con todo su peso, dando botes. Se detuvo para tomar aire, pues con el golpe de la caída perdió la respiración. En un instante se puso nuevamente de pie, pero al dar el primer paso se disparó por su pierna y todo su cuerpo un corrientazo ardiente de dolor. Gritó al sentir el dolor, pero intentó otra vez.

Fue inútil. El tobillo se le había torcido de tal manera que el dolor era insoportable.

Con la misma voluntad, dio otros pocos pasos más antes de desplomarse sobre las rodillas.

Éste era el final, y él lo sabía.

Lo intentó y fracasó.

Dentro de unos minutos el hombre lo alcanzaría y Chris quedaría a merced de sus caprichos.

Los que dependían de Chris morirían.

Quizás él moriría.

Pero él ya no podía hacer nada más.

Gimoteando de dolor, de miedo y tristeza, dio la vuelta y se sentó, agarrando su pierna maltratada, mientras el hombre se acercaba a paso largo y tranquilo. Con ironía Chris vio que en todo caso no llevaba la escopeta en la mano. La había soltado para poder perseguirlo. La mirada fatal no había sido necesaria. Si sólo se hubiera concentrado en correr y en mantener los ojos fijos en lo que tenía adelante.

Esto era demasiado.

Tal vez había sido presuntuoso en todo caso. ¿Cómo pudo habérsele ocurrido que había una posibilidad?

¿Cómo pudo habérsele ocurrido que un niño pequeño podía llegar enfrentarse a África y ganar?

Así que había llegado el final. Ya no tenía que tomar más decisiones, ni cargar con más responsabilidades, ni ganar más batallas.

Derrotado, miró al hombre que se acercaba.

Aminoró el paso, seguro de su presa, y nuevamente en su rostro se veía la sonrisa de desprecio.

Estaba a sólo 200 metros de distancia.

Luego a 100 metros.

Luego a 50.

De nuevo Chris comenzó a temblar a medida que la figura se acercaba cada vez más.

¿Lo lastimaría este hombre?

Ya no podía soportar más heridas.

Sentía deseos de morir. La pesadilla era demasiado para su mente joven. Era preferible la muerte a lo que le pudiera suceder en manos de estos hombres malos y desesperados.

El hombre se detuvo a unos 20 metros de donde se hallaba sentado Chris temeroso aguardándolo. Las manos en la cintura, las piernas apartadas una expresión de burla. El rostro salvaje le sonreía con toda su crueldad.

—Y bien, niño blanco —comenzó, meneando la cabeza a manera de advertencia—. Vendrás con nosotros.

Dejó caer las manos de la cintura y comenzó a caminar hacia Chris.

—De pie, niño blanco.

Chris no se movió, no podía.

Los labios del hombre se fruncieron, descubriendo sus dientes afilados. La sonrisa había desaparecido y en su lugar había una expresión de mofa tan salvaje, tan maligna, que del estómago de Chris surgió una fuerte oleada de miedo.

La mano derecha del hombre pasó al bol-

sillo de atrás. Cuando reapareció sostenía un cuchillo pequeño pero muy afilado.

Habló otra vez.

—Te dije, de...

No terminó.

Se detuvo

El león gruñó antes incluso de abrir los ojos. Se volteó para ponerse de pie y se quedó escuchando. Allá donde estaba ese ruido, allá estaría el hombre. Donde estaba ese ruido, detrás de él, no muy lejos, estarían la muerte y el peligro.

El agua fresca le había calmado el dolor y el cansancio. Se sentía refrescado, alerta. No podía ver más allá de la hondonada, pero sus oídos escuchaban.

Se oyó otro ruido. Tenía razón. Era el hombre. La voz del hombre. Gruñó de nuevo, con un odio profundo. Les temía por encima de todo a estas criaturas. Sobre todo ahora, cuando sabía que ya no era ágil. Aun en su juventud había sabido que no podía enfrentarse al hombre. Sólo un animal acorralado o herido se enfrentará al hombre.

Y él estaba herido y además acorralado.

Acorralado por la edad.

Sintió en el suelo debajo de él la vibración de unos pies que corrían. Una vida entera de escuchar y percibir le confirmó que eran pies humanos y que corrían hacia él.

Demasiado viejo y terco para correr, sus labios se fruncieron sus dientes en un reto silencioso, y se movió hacia adelante, lejos del agua, y comenzó a subir por la colina.

Otro grito humano, esta vez un grito de dolor y temor.

Vaciló. Ya no corrían.

Aguardó sin moverse, en silencio, casi sin respirar.

¿Había pasado el peligro?

Luego otra voz más baja, esta vez amenazante. El hombre lo estaba esperando. Justo al otro lado de la colina estaba el hombre.

Levantó bien la cabeza. Olvidó su edad, el cansancio y la herida a medida que el instinto de batalla inundaba su sangre, y comenzó a moverse, con más velocidad mientras subía, hasta que llegó a la cima y bajó como un rayo dorado.

Probablemente ni siquiera vio al niño, que estaba echado en el suelo sosteniéndose la pierna.

Pero vio al hombre.

Y su enorme boca empezó a abrirse a medida que se acercaba a él a saltos.

El hombre quedó congelado en medio de un paso, como una marioneta suspendida de las cuerdas. Sus ojos, Chris vio, de repente miraron hacia arriba, a un punto detrás de la cabeza de Chris. El maligno rostro gruñón se transformó en una máscara de incredulidad inmóvil, horrorizada.

¿Qué? pensó Chris. ¿Qué pasa?

Como en las películas antiguas, los miembros del hombre empezaron a moverse y comenzó a retroceder. Un paso atrás, dos, tres, sin abandonar con la mirada ni un segundo el lugar de donde procedía su temor.

Con la boca abierta del asombro, Chris observó esta extraña transformación.

De pronto el hombre dio una vuelta rápida y echó a correr hacia el lugar de donde había venido, brazos y piernas azotando el viento con desesperación. Corría como si tuviera que salvar su vida.

En ese segundo Chris percibió un fuerte olor de almizcle. Antes de que tuviera tiempo para registrar este nuevo fenómeno, el suelo tembló con el golpeteo de unos pies pesados y de repente surgió una corriente de aire, de algún lugar detrás de él saltó veloz una forma color ámbar que pasó tan cerca que casi lo toca.

Chris no había alcanzado a comprender lo que estaba sucediendo cuando todo terminó. En lo que dura un pensamiento, el león con sus grandes saltos borró la brecha que había entre él y su desesperada presa fugitiva. El hombre intentó llegar hasta un árbol.

Casi lo logra. Casi.

Estaba tratando de agarrar las ramas bajas cuando el león lo alcanzó.

Gritó una vez al sentir el aliento caliente del león en su espalda desnuda.

Chris cerró los ojos para no presenciar el horror.

El hombre no gritó más.

CAPÍTULO XVI

—Entonces ¿no hay más qué hacer? —preguntó Hyram.

—Así es —dijo Mike rápidamente—. Le dije que sería uno en un millón.

Habían llegado al camino de Seronera.

—Hice todo lo que usted pidió. No están.

—¿Puedo bajarme ya, bwana? —inquirió Bennie, desconsolado y acalorado.

—Sí.

En la aldea de Nyabogati nadie había visto ni el rastro de los bandidos, y ni siquiera sabían de ellos.

—Las noticias viajan por el viento aquí —había dicho Mike—. Si esta gente no ha oído nada no tenemos ninguna esperanza.

Bennie se bajó agradecido y se paró junto a los dos hombres, y todos miraron hacia Serengeti.

—Lástima —dijo el estadounidense—. Me habría gustado de verdad haber saludado personalmente a esos tipos.

—A mí también —respondió Mike—, pero ya todo pasó. Y antes de que usted empiece a decirme otra vez quién va a pagar por este safari, le voy a decir lo que vamos a hacer.

—Bueno, dígame.

—Lo que vamos a hacer ahora es subirnos al Land-Rover e irnos directamente hasta la hospedería de Seronera, donde yo me voy a sentar el resto del día a recuperar mis agotadas energías con una sucesión de botellas de cerveza bien frías.

—Apoyo la idea —dijo Hyram.

—¿Satisfecho? —preguntó Mike.

—No, satisfecho no. Resignado. No discutiré más. Vamos andando.

—Muy bien —dijo Mike—, le doy gracias a Dios. Vete atrás, Bennie. Yo conduciré.

Se subieron de nuevo al Land-Rover. Mike dio un suspiro de alivio al acomodarse en el puesto del conductor. Llevó la mano a la llave para poner en marcha el motor.

El destino es tal que si le hubiera dado vuelta a la llave una centésima, una milésima de segundo antes, el traqueteo del motor de arranque habría ahogado el ruido que todos, inconfundiblemente, escucharon.

Nadie habló al principio. La mano de Mike no se retiró de la llave del encendido. Él y el estadounidense miraron a lo lejos fijamente a través del parabrisas empolvado. Bennie, que aún no se había subido al Land-Rover, permanecía inmóvil.

Finalmente Hyram rompió el silencio.

—Bennie —dijo.

—¿Sí, bwana?

—Esos 20 dólares.

—¿Sí, bwana?

—Son 100 si sabes de dónde vino ese disparo.

Mike cerró los ojos y con un gesto de aburrimiento se llevó el pulgar y el índice al caballete de la nariz.

—Dios santo —dijo—, casi sentía el sabor de esa cerveza.

—Son ellos —dijo Hyram en voz baja, pausada—. Yo sé que son ellos. Mis huesos me dicen que son ellos.

—Detrás de nosotros, bwana. Vino de detrás de nosotros. Allá al otro lado de la colina.

Mike encendió el motor y retrocedió con el vehículo formando un semicírculo. Habría unas 15 millas, pensó, de allí a la colina baja y alargada que indicaba Bennie. Por lo menos una hora en automóvil. Quizás más.

—¿Un último intento? —suplicó el estadounidense con humildad.

—Un último intento —respondió Mike—, y quiero decir último. ¡Bennie!

—Ya sé, bwana, ya sé. Al techo.

—Al techo.

CAPÍTULO XVII

Ya los buitres comenzaban a pasearse de un lado para otro con las alas extendidas y las puntudas y horribles cabezas echadas hacia adelante, a poca distancia del cadáver. Chillaban ronca y horriblemente al percibir el olor de la sangre que emanaba del cuello casi desprendido.

Una cosa tan deforme como el buitre no puede causar sino repugnancia cuando camina en el suelo. Las peores imágenes de una pesadilla difícilmente podrían ingeniarse algo que se mueva en forma tan grotesca como esta criatura loca, endiablada, con su mirada fija, fanática, cuando baila su danza de enano loco y torpe alrededor de un muerto.

Pero Chris no podía odiar ni siquiera a estas criaturas, tal era su sensación de alivio.

Sin duda alguna el hombre estaba muerto. En los pocos segundos después de que el león pasó como una ráfaga cerca de él, Chris mantuvo los ojos cerrados. Escuchó el golpeteo fuerte y el grito único. Esperó, paralizado por lo que imaginaba. Esperó el golpeteo de las pesadas patas que se acercaban. Esperó que llegara el aliento caliente al abrirse nuevamente la boca. Pero no ocurrió nada.

Cuando abrió los ojos otra vez alcanzó a ver cómo las últimas convulsiones de las extremidades del hombre eran reemplazadas por la quietud inconfundible de la muerte. Casi inmediatamente hubo una ráfaga de viento al pasar los buitres por encima de su cabeza; planeando por el aire, dieron la vuelta en círculo y se posaron del otro lado del cadáver, quedando así éste entre el león y ellos. Su paciencia había sido premiada con rapidez inesperada.

De todas maneras el león no tenía ningún interés en su presa. Ya se había hecho el trabajo. Se había eliminado la amenaza.

El león se alejó, se sentó sobre sus ancas, y comenzó a lamerse la herida en silencio. Chris se hallaba tan cerca de él que podía ver la sangre en sus dientes. Le hacía sentir náuseas y se estremeció allí, sentado, mientras se frotaba el tobillo maltratado. El león respiraba con mucha dificultad y un ruido áspero en la garganta. Su huesudo costillar subía y bajaba a una velocidad anormal. Chris pensó que podía ver el corazón del animal golpearle contra las costillas.

No había siquiera mirado a Chris. Ni había dado muestras de que supiera que estaba allí, a corta distancia de él. Pero Chris sabía que su presencia no pasaba inadvertida. Cosa extraña, no tenía temor, ni la sensación de amenaza de esta terrible criatura salvaje que se encontraba cerca de él.

Observaba al animal mientras éste se lamía la herida.

Dos heridos juntos, pensó con ironía.

El sonido del Land-Rover que se despertaba con un traqueteo le hizo volver la mirada hacia el árbol donde había dormido. Hubo un estrepitoso cambio de velocidad mientras la pierna herida por la bala luchaba con el embrague, y luego el Land-Rover hizo su aparición. Chris sostuvo la respiración. Herido o sano, el hombre que quedaba aún tenía el arma. Pero obviamente no pretendía hacerle frente al león, con arma o sin ella, porque el vehículo dio la vuelta y comenzó a retirarse lentamente. El león levantó la cabeza y gruñó una advertencia al alejarse el ruido del motor.

Chris volvió a mirar a la enorme cabeza que gruñía. Negó con la cabeza, incrédulo. Dos veces este temible animal se había puesto en su camino. Dos veces esta enorme criatura, el más feroz de todos los espíritus salvajes, había intercedido en un momento en que su vida estaba en peligro y lo había salvado. Dos veces estuvo tan cerca como para poder tocar al animal más temido de todos los animales y de todos los seres vivientes. Y esas dos veces no tuvo miedo.

Desde el momento en que abandonó el kopje y partió a su viaje incierto y desalentador, supo que no andaba solo. Ahora sabía qué lo había acompañado. El animal estuvo cerca de él todo el tiempo. Sin ser visto, pero de alguna manera sabía inconscientemente que estaba allí.

Pero aún no daba muestras de saber que el niño estaba allí. Ninguna mirada, ni un gruñido. Nada.

Chris se dio cuenta de que el dolor en la

pierna ya había disminuido. Con cautela la extendió. Se movía lentamente, pensando en que no debía asustar al león. Luego dio la vuelta para apoyarse en una rodilla, y estiró la pierna enferma detrás de él. Con un cuidado infinito se levantó y puso un poco de peso sobre su tobillo. Dolía, pero se podía soportar. Dio un paso con el pie enfermo, con éxito. Luego otro. Podía apoyarse en él. Estaba bien. Todavía podía caminar.

El león lo ignoraba completamente. Chris lo estudió. Había dejado de lamerse la pierna y estaba sentado como un perro, mostrando un perfil huesudo y enorme. Y de repente Chris se entristeció tanto que sus ojos se llenaron de lágrimas. El animal estaba tan viejo, comprendió, tan terriblemente viejo. Su respiración era el sonido raspado de unos pulmones que ya fallaban, su figura el esqueleto de la muerte que empezaba a surgir. La vejez manaba de los pliegues colgantes del que fue su reluciente abrigo, ahora opaco y sarnoso.

Pero eran sus ojos los que fijaban la atención de Chris. Sus ojos miraban con tanta nostalgia, tanta esperanza, que le causaron hondo dolor dentro de su ser. Sus ojos tenían ese destello brillante de la memoria, la luminosidad del viejo que inicia su último viaje desesperadamente solitario. Esos ojos dejaban ver el breve destello de una vela que se consume.

Chris volvió la espalda. Era demasiado. Era demasiado tratar de desentrañar lo que había en esta presencia extraña y profundamente conmovedora. Demasiado tener que contemplar semejante majestad envejecida.

Siguió más bien con sus ojos la mirada del animal. ¿Qué era? ¿Qué estaría viendo a lo lejos con tanto interés? ¿Qué lo transfiguraba hasta inmovilizarlo como una estatua? Pero por más que intentaba Chris no veía nada que pudiera explicarlo. No había más que la llanura y el vacío, nada más que esa solitaria colina baja y alargada.

Con gran angustia, comenzó a cojear lentamente, a alejarse del león, para volver al árbol. Sin saberse cómo, su propia incertidumbre había desaparecido. Si lograría sobrevivir, si enfrentarse a los obstáculos que Africa le había puesto en frente era una locura, si llegaría a un lugar seguro, todas las dudas que minaban su confianza se habían apaciguado de repente. Se sentía tranquilo y seguro. Sólo faltaban unas pocas millas para llegar a la colina. En la colina estaría a salvo.

Lo sabía con una certeza que nunca había sentido frente a ningún acontecimiento en la vida. La colina era el único absoluto, emergiendo de la bruma como un bote salvavidas para el marinero que ha naufragado.

Llegó hasta el árbol. En silencio, metódicamente, recogió la botella de agua y la comida, las guardó en su morral y se lo echó al hombro. Se puso la camisa alrededor del cuello a manera de bufanda y con tranquila determinación, sin prisa, dio la vuelta para enfrentar las millas finales con su pie cojo.

Y comenzó de nuevo a caminar.

No miró hacia atrás.

No tenía que mirar.

Sabía.

A unos 200 metros detrás de él el león se había levantado y también comenzaba a caminar.

CAPÍTULO XVIII

El camino había sido difícil, aun para un Land-Rover. El suelo estaba atravesando por cursos de agua que habían sido cavados por los ríos crecidos durante la época de lluvia, y algunos eran tan profundos que era necesario hacer un desvío para evitarlos. Pero a saltos y tumbos trataron de seguir una línea recta, aunque los ocupantes eran empujados de un lado a otro en el interior. Bennie se sostenía de manera precaria en el techo y corría peligro de ser lanzado al suelo. Finalmente llegaron al pie de la colina. Luego, con el vehículo arrastrándose lentamente por la pendiente, se detuvieron a pocos pasos de la cima.

Mike agarró sus binóculos y los tres hombres se dirigieron a pie con cautela hasta el otro lado, desde donde pudieron divisar todo el panorama de la planicie. Bennie y el estadounidense guardaban silencio mientras Mike se colocaba los binoculares y comenzaba a examinar metódicamente el terreno a su alrededor. Dando media vuelta de izquierda a derecha y nuevamente a la izquierda, inspeccionó el panorama por secciones, consciente de que un Land-Rover verde podía fácilmente esconderse bajo la sombra de un árbol o una mancha oscura de follaje. Hyram contuvo la respiración y también la lengua.

Después de varios minutos Mike habló.

—Nada.

—Maldición. Rayos. Yo estaba seguro... —susurró Hyram—. Mire otra vez. Están allá abajo en alguna parte, lo sé. Mire cada uno de los malditos árboles. Allá están.

—Mire usted si está tan seguro.

—Sí, señor. Deme esos binoculares.

Mike pasó la correa de cuero por encima de su cabeza y se los entregó. Se dirigió hacia una roca cercana y fijó la mirada con cierto desconsuelo en la llanura. Se preguntó si este tipo testarudo se iba a dar por vencido. Le dolían los brazos de luchar con el timón. Un dolor fuerte le apuñalaba la espalda a causa de los golpes y tumbos, y estaba muy acabado, muy sediento y muy aburrido. No podía más. Ya había tenido suficiente. En dos minutos iba a imponer el orden de una vez por todas y a decirle a este hombre tonto que si no se subía al Land-Rover y se callaba hasta que llegara a la hospedería de Seronera, entonces se iría sin él y lo dejaría a su suerte.

Dejó vagar la mirada sin punto fijo por la llanura mientras pensaba con satisfacción en todas estas cosas. Al pie de él las cebras pastaban silenciosas debajo de los árboles, y se asomaban poco a poco a medida que el sol dejaba el cenit. Todo comenzaba a moverse después de la inactividad del mediodía. Unas pocas manadas de gacelas y ñus parecían desde esta altura nubes oscuras susurrando en el pasto. Aquí y allá un jabalí corría atareado.

Y de repente un movimiento le llamó la atención. Abajo, a poca distancia del pie de la colina, su mirada experimentada captó un movimiento que no podía distinguir bien. Había algo diferente. Algo que no encuadraba dentro del paisaje. Achicó los ojos. Parecía...

—Oiga —dijo—, deme esos binóculos, rápido.

—Ajá —dijo el estadounidense—. ¿Tiene algo? Ahí está, se lo dije. Yo sabía que tenía razón. ¿Qué es? ¿Puede ver?

—Por Dios, cállese y deme esos binóculos —dijo Mike de prisa—. Hay algo ahí que me preocupa. Y no es su maldito Land-Rover, es otra cosa.

Se tendió en el suelo y se colocó los lentes nuevamente sobre los ojos, luego dirigió la mirada al lugar en donde había visto el movimiento.

—Hay algo ahí... —murmuró, casi para sus adentros, mientras giraba lentamente la rueda del foco y buscaba.

Los anteojos dejaron de moverse.

—Dios mío —susurró Mike asombrado.

—¿Qué? ¿Qué es? —gritó el estadounidense.

—Silencio —replicó Mike con una vehemencia que calló al hombre inmediatamente.

—No puedo creer lo que estoy viendo. Es un niño. Dios mío, hay un niño allá abajo. Un niño blanco. ¿Qué cielos es lo que cree que hace?

—Debe haber un grupo de turistas allá abajo y tal vez se alejó de ellos, ¿no cree? —preguntó Bennie.

—No veo a nadie más por ahí —dijo Mike, examinando con cuidado el área en torno al niño—. Sólo está el niño . De dónde en la vida...

Paró de repente. Demasiado de repente.

—¿Bwana? —preguntó Bennie ansioso.

—Bennie —había una urgencia ahora en la voz baja de Mike—. Ese niño que va allá. Hay un león detrás de él. A unos 200 metros de distancia.

Bennie dejó escapar un siseo fuerte por entre los dientes.

Mike habló de nuevo.

—Ahora haz esto rápidamente y con mucho cuidado, Bennie. Regresa al Land-Rover y saca el rifle. Mete dos balas adentro, no pierdas tiempo con más. Si no le pego con dos, no le pegaré. Coloca la mira telescópica en posición y vuelve acá en diez segundos con el rifle listo para disparar.

—Sí, bwana —y se fue inmediatamente y en silencio por la cumbre de la colina.

Mike volvió a enfocar el niño con los binóculos. Parecía estar caminando a paso firme, sin prisa, hacia ellos. Obviamente no tenía idea del peligro terrible en que se encontraba. Ninguna idea de que lo seguía la bestia más peligrosa de todas. El animal también caminaba tranquilo y con determinación detrás del niño, con la cabeza agachada, siguiéndolo con el olfato.

—Date prisa, Bennie, maldita sea, apresúrate.

Las manos de Mike comenzaron a temblar un poco. Lo que tenía al frente era la peor situación que se le puede presentar a un cazador. Tiene en realidad sólo un tiro, y con ese tiro debe matar, o al menos dejar inmóvil. Un animal herido se convierte en un peligro más grave que antes y mata en el furor del dolor y la venganza. Mike sabía que si el primer tiro no dejaba muerto al animal no habría un segundo tiro. Y la vida de ese niño pequeño que estaba allá abajo terminaría en forma rápida y sanguinaria. El león relacionaría la herida con su presa y tomaría venganza.

Mike sintió que empezaba a sudar y se pasó la mano por la frente.

Bennie se sentó rápidamente junto a él, con el rifle en la mano.

—Listo y cargado, bwana. Sin seguro.

—Bien —dijo Mike—. Toma los binóculos y fija la mirada en ese león. Quiero saber exac-

tamente dónde le pego. Si no lo tumbo, de todos modos le sigues la pista.

—Sí, bwana. Buena suerte, bwana.

—¿Lo tienes en la mira?

—Lo tengo, bwana.

Mike se limpió las palmas de las manos en la camisa, luego se llevó el rifle al hombro. Tomó el cañón y miró por la mira telescópica, trasladando el rifle de un lado al otro para ubicar a la bestia.

—Lo tengo —dijo, cuando la figura se colocó en la mira.

—Y ahora —dijo—, un tiro. Sólo un tiro. Derecho al corazón.

Con infinito cuidado buscó la cruz en el centro de la línea del pelo, detrás de la cabeza del león, adelante del hombro, hacia el costillar.

—Exactamente. Ahora, despacio. Limpio y claro.

Sus manos estaban firmes, ahora que le había llegado el momento. Concentró cada célula de su mente en mantener el rifle quieto, y centró la cruz precisamente sobre el corazón del león.

De pronto el león se detuvo y se quedó completamente quieto, con la cabeza agachada.

—Perfecto —pensó—. Qué golpe de suerte. Un blanco perfecto.

Y lentamente, imperceptiblemente, su dedo comenzó a aplicar una presión progresiva, suave, fatal, sobre el gatillo.

CAPÍTULO XIX

No hubo una chispa momentánea de comprensión. Chris no pudo siquiera indicar en qué momento lo supo. Fue tan gradual, tan natural, que parecía como si lo hubiera sabido siempre. Como si nunca hubiera habido otra alternativa, nunca hubiera habido la necesidad de temer, de preocuparse o de vacilar. Ni siquiera se trataba de algo que había que cuestionar. Habían sucedido demasiadas cosas en los últimos días como para que algo llegara de sorpresa o necesitara una explicación. Simplemente estaba ocurriendo, y Chris aceptaba que estuviera ocurriendo, agradecido, y sin sentir que era necesario preguntar por qué. Por sus diferentes motivos ambos iban para el lugar. Viajaban juntos.

Juntos, pero separados.

No pasaban signos visibles del uno al otro. No había miradas, no había sonidos. El espacio entre los dos nunca fue de menos de 200 metros. Pero tampoco fue mayor. Cuando el niño paraba a descansar, el león también paraba. Cuando el león se detenía el niño lo sabía y lo esperaba en silencio hasta que de nuevo recuperara sus fuerzas.

Y así, juntos, pero separados, se movían hacia la colina, cada cual tirado por su propio y seguro hilo conductor.

En las últimas millas Chris recuperó las fuerzas mientras el león se debilitaba. Mientras que la cabeza de la bestia se agachaba cada vez más y caminaba con más dificultad, la cabeza del niño se erguía más y el dolor en su tobillo disminuía. Era como si se estuviera alimentando del espíritu decaído del animal, como si tomara energía de las últimas brasas encendidas de su lenta determinación. Pero las brasas se estaban apagando rápidamente. El león necesitaba descansar cada vez con más frecuencia. Caminaba unos pocos metros y simplemente se detenía y permanecía inmóvil, con la cabeza tan baja que casi tocaba el suelo con su nariz blanca. Y allí se quedaba varios minutos, como el montañista que a una gran altura chupa el precioso oxígeno del aire desesperadamente escaso, antes de entrar en movimiento nuevamente para enfrentarse a los pocos metros siguientes de su solitario ascenso. No se sentaba ni se echaba para descansar, pues quizás si se echaba no podría levantarse de nuevo.

A veces Chris ni siquiera lo veía cuando volvía la cabeza para mirar. Pero siempre sabía dónde estaba, siempre sabía cuándo se detenía, siempre sabía cuándo llegaba el momento para moverse de nuevo. Intentó darle algo de sus fuerzas nuevamente al león, deseándole, como lo había hecho antes en el kopje, que viviera. A medida que comprendía para dónde iba la bestia, y por qué, la tristeza que sentía por la edad y los cada vez más débiles poderes de la criatura se convirtió en una resignación natural. La sensación vaga y mística que tuvo antes, en ese inquietante segundo en que sus miradas se encontraron, se disipó. De alguna manera en ese momento, en el gran universo no explicado e inexplicable de la mente, fue tocado un nervio en ellos dos. Fue reconocido un nudo. En su miseria individual habían encontrado una dependencia mutua. Una necesidad compartida. Ninguno lograría el éxito sin el otro. Ambos sabían que esto era así. Y ahora ambos llevaban en sus corazones la certeza de que lograrían el éxito, y de que sus éxitos le darían la vida a uno de los dos y se la quitarían al otro.

El león se dejó caer sobre el suelo y recostó su enorme cabeza sobre sus patas extendidas. Le pareció que llegaba la oscuridad, aunque sus sentidos le decían que no era todavía esa parte del día. Las cosas que asomaban por los bordes de su vista eran borrosas, y los movimientos que había allí lo asustaban porque eran imperceptibles. Aunque el sol de la tarde aún resplandecía en un cielo incandescente, alrededor y dentro de él comenzaba a caer el atardecer. Ya no sentía dolor. Sentia el cuero tibio y plácido, aunque extrañamente distante. Y había tanto silencio. Un silencio que le causaba ansiedad. Nunca había conocido ese silencio. Ya no podía ver la colina. La había cubierto el crepúsculo. Pero no importaba. Él sabía dónde estaba con una certeza que no requería de la vista. Le faltaba poco para llegar.

Sólo un breve descanso y tendría de nuevo la fuerza para poder terminar.

Cerró los ojos.

Chris lo sintió detenerse y paró también, como lo había hecho tantas veces en las últimas horas. Esperó.... Pero esta vez la sensación era diferente, e inmediatamente se dio cuenta de que la vida del león se estaba alejando sin que hubiera terminado su jornada. No podía permitir que esto ocurriera. Si lo dejaba allí echado, su propia jornada tampoco quedaría terminada, aunque estaba seguro de su éxito. Quizás no podría prestar ninguna ayuda. Pero debía hacer el intento.

Sin vacilar dio la vuelta y comenzó a caminar hacia él, sin saber que desde la colina lo observaban tres pares de ojos. Sin saber que este simple acto, que le pareció tan natural, tan inevitable, no había dejado que una bala bajara silbando desde la cima de la colina.

Hasta el final de sus días Mike Taylor quedaría maravillado de no haber sido capaz de apretar ese gatillo. Hizo el razonamiento de que por el rabillo del ojo había visto al niño dar la vuelta y que esto lo había distraído. Eso fue, en todo caso, lo que les dijo a los que le preguntaron. Pero él sabía en su interior que no era cierto.

Cualquiera que haya sido el motivo, bajó el rifle, sin dispararlo, y lo puso a un lado.

Quizás la seguridad con que el niño dio la vuelta, la calma y firmeza de sus pasos, capturaron las mentes de los tres hombres allá en la cima de la colina y los mantuvieron en silencio. Observadores privilegiados, testigos extasiados de algo maravilloso, sintieron, los tres por igual, que había una "rectitud" en lo que estaban presenciando que disipaba cualquier temor por el niño. Más bien sintieron una inexplicable admiración cuando vieron que el niño se acercó al león, se quedó allí durante largos minutos, inmóvil, a un par de metros de distancia, luego dio la vuelta y se retiró lentamente. Y con un profundo asombro que conservarían siempre, vieron al león levantarse tembloroso y con pasos lentos, cautelosos, seguir al niño.

Así, los dos juntos anduvieron la última milla, compañeros extraños en un aún más extraño viaje.

Mucho antes de que llegaran al pie de la colina, Chris pudo ver a los hombres que estaban un poco más abajo de la cima. No hubo una gran oleada de alivio. Más bien la satisfacción de haber tenido razón. Él sabía que recibiría ayuda. No tuvo la tentación de co-

rrer hacia ellos, y se alegró al ver que no se movían para bajar a encontrarlo. No quería que en ese momento algo desviara de su camino al viejo animal.

Juntos subieron por la falda de la colina, el niño adelante y la grande y lenta figura, como un enorme y fiel perro dorado, unos metros detrás. Dos espíritus unidos, sostenidos. Ligados por una magia breve pero eterna.

Y de repente el hilo empezó a romperse.

Aunque la oscuridad se había apoderado de sus ojos, el león comenzó a sentir bajo sus pies, en la pura contextura del suelo, las cosas que él conocía. Las cosas de tiempos idos que aún estaban guardadas en lo más profundo de su mente empezaron a dar vueltas por su conciencia. Formas ya olvidadas pasaron como juegos de siluetas ante sus ojos ensombrecidos, y en el aire la música clara y plateada de la memoria lo llamaba.

Se volvió hacia ella.

Había llegado a casa.

Terminado su viaje, cada cual siguió su camino. Chris no se detuvo. No era necesario. El hechizo se había roto. Cada uno era libre. Entonces Chris simplemente siguió caminando.

Pero mientras subía el trecho final para llegar hasta donde estaría a salvo, tuvo en lo más profundo de su ser un conocimiento de algo que ni la mente podría definir, tan profundo que ni las emociones lo podrían procesar. En el momento en que la gran bestia dio la vuelta y los pasos del niño comenzaron a ascender por la loma, el hilo que los había mantenido unidos en esa breve y mágica servidumbre se tensionó, se estiró y se templó, hasta que se rompió.

Al romperse se llevó un pequeño trozo de sus corazones.

EPÍLOGO

En los años que vendrían, cuando la historia era contada una y otra vez en los bares de Nairobi —adornada por aquéllos que se crecían con lo sensacional, o disminuida por aquellos cuyos ojos están velados por la lógica—, los cínicos expresaban su opinión.

—El niño tuvo suerte —decían—. El león estaba muriendo. Ni siquiera sabía que el niño estaba ahí. El chico seguramente se imaginó todo. Tenía una herida en la cabeza, ¿no? Ahí tienen. Estaba delirando. En choque. Si alguna vez hubiera estado cerca del león, éste lo hubiera despedazado.

Y, con la infranqueable confianza que da la ignorancia, empaquetaron la historia, le pusieron la etiqueta "fantasía" y la guardaron en la estantería "cuento de hadas".

Pero ellos no habían estado ahí. No habían visto.

Exactamente un año más tarde, en una tranquila tarde de Serengeti, los que habían vivido esta historia se reunieron en la solitaria colina para recordar. Mike y Bennie, el piloto y su familia; hasta Hyram Johnson viajó especialmente para acompañar a Chris y a su padre en ese día. Las palabras de agradecimiento habían sido dichas tiempo atrás, los cuerpos habían sanado, las vidas habían regresado a la normalidad. O a la normalidad que podrían tener los que han sido tocados por un evento como ése.

Chris era ahora más alto y grande. No le quedaban cicatrices, ni físicas ni mentales, de esos terribles días. El único legado estaba en sus ojos. Los que los miraban encontraban una mirada distante, fija en un punto remoto, algo invisible pero muy triste. La misma mirada de los ojos de Mike Taylor. Ojos que habían atravesado a África y habían aceptado su crueldad y nobleza.

—¿Era allí para donde iba? —le preguntó Chris a Mike.

—Sí. Llegó hasta allí y desapareció entre esas rocas. ¿Quieres ir?

—No, sólo quería saber. ¿Fue visto otra vez?

—No. No creo que haya vuelto a salir. Ya había encontrado lo que estaba buscando.

Se sentaron mirando hacia abajo la ladera de la colina, recordando en silencio.

—¿Por qué crees que lo hizo? ¿Qué lo llevó a venir conmigo?

—No lo sé —dijo Mike suavemente—. Estaba muriendo. Ése es el viaje más solitario que cualquiera puede emprender. Creo que quizás necesitaba un poco de compañía. Todos necesitamos un amigo.

—Huy —bufó Bennie con desdén—. Eso es charla de wazungu.

—Lo siento —dijo Mike enojado.

Chris sonrió ampliamente.

—Vamos, Bennie. ¿Qué dices tú?

—Este lugar —dijo Bennie—, ¿saben cómo se llama?

—Soit Naado Murt —respondió Mike—. La piedra del cuello largo.

—Sí —dijo Bennie—. Eso es lo que dicen los mapas. Pero los maasai le tienen un sobrenombre. Las rocas de simba. El lugar de los leones.

Sonrió afectuosamente a Chris.

—Los maasai cuentan tu historia en los bomas, bwana Chris. Ellos saben por qué el simba vino contigo.

—¿Por qué?

—Ellos dicen que el león te miró y vio en ti un corazón tan valiente como el suyo.

PALABRAS EN SWAHILI USADAS EN ESTE LIBRO

***boma*:** pueblo o asentamiento, generalmente cercado.

***bwana*:** señor.

***chagga*:** mecánico, todero.

***kopje*:** montículo rocoso de baja altura, frecuentemente habitado por leones.

***maasai*:** tribu del este de África.

***mzee*:** señor de edad.

***mzungu*:** hombre blanco.

***simba*:** león.

***tembo*:** elefante.

***wazungu*:** blancos.

OTROS TITULOS

Torre Naranja (para primeros lectores):

Bonni y tigre
Kathrin Sander

Yo, el gran Fercho
Marjorie Weinman Sharmat

Yo, el gran Fercho, y la lista perdida
Marjorie Weinman Sharmat

Torre roja (a partir de 7 años):

Más historias de Franz
Christine Nöstlinger

Nuevas historias de Franz en la escuela
Christine Nöstlinger

De por qué a Franz le dolió el estómago
Christine Nöstlinger

Las vacaciones de Franz
Christine Nöstlinger

Las enfermedades de Franz
Christine Nöstlinger

Solomán
Ramón García Domínguez

El país más hermoso del mundo
David Sánchez Juliao

¡Hurra! Susanita ya tiene dientes
Dimiter Inkiow

Yo y mi hermana Clara
Dimiter Inkiow

Yo, Clara y el gato Casimiro
Dimiter Inkiow

Yo, Clara y el papagayo Pipo
Dimiter Inkiow

De cómo decidí convertirme en hermano mayor
Dimiter Inkiow

King-Kong, mi mascota secreta
Kirsten Boie

King-Kong, el conejillo de Indias viajero
Kirsten Boie

A los duendes les gustan los pepinillos
Kirsten Boie

El zorrito abandonado
Irina Korschunow

La puerta olvidada
Paul Maar

Roberto y Otrebor
Paul Maar

El canguro aprende a volar
Paul Maar

¡Bravo, Tristán!
Marie-Aude Murail

La hechicera y el comisario y
El comerciante de palmadas
Pierre Gripari

Yo, Clara y el perro sabueso
Dimiter Inkiow

Yo, Clara y el poni Miguelín
Dimiter Inkiow

Franz se mete en problemas de amor
Christine Nöstlinger

Torre azul (a partir de 9 años):

El misterio del hombre que desapareció
María Isabel Molina Llorente

Cuentos y leyendas de Rumanía
Angela Ionescu

El pájaro verde y otros cuentos
Juan Valera

Leyendas de nuestra América
Ute Bergdolt de Walschburger

La redacción
Evelyne Reberg

Diecisiete fábulas del zorro
Jean Muzi

Diecisiete fábulas del rey león
Jean Muzi

Dieciocho fábulas del lobo malo
Jean Muzi

La ratoncita-niña y otros cuentos
León Tolstoi

El misterio del punto ciego
Christine Ehm

Deseado
Patrick Hullebroeck

Angélica
Lygia Bojunga Nunes

La vida secreta de Hubie Hartzel
Susan Rowan Masters

Tres buches de agua salada
Verónica Uribe

El sapito solitario
Erwin Moser

La silla vacía
Irina Drozd

Aventuras de los trillizos ABC
Hilde Kähler-Timm

Doble o nada
Marc Talbert

El duende del carpintero
Ellis Kaut